Caderno do Futuro
A evolução do caderno

HISTÓRIA

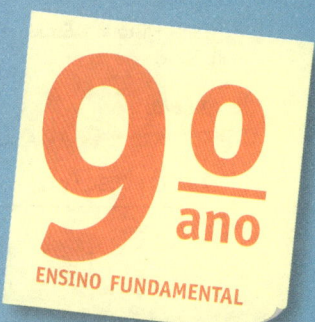
9º ano
ENSINO FUNDAMENTAL

3ª edição
São Paulo - 2013

Coleção Caderno do Futuro
História
© IBEP, 2013

Diretor superintendente Jorge Yunes
Gerente editorial Célia de Assis
Editor Márcia Hipólide
Assistente editorial Erika Domingues do Nascimento
Revisão Luiz Gustavo Bazana
Coordenadora de arte Karina Monteiro
Assistente de arte Marilia Vilela
Nane Carvalho
Carla Almeida Freire
Coordenadora de iconografia Maria do Céu Pires Passuello
Assistente de iconografia Adriana Neves
Wilson de Castilho
Produção gráfica José Antônio Ferraz
Assistente de produção gráfica Eliane M. M. Ferreira
Projeto gráfico Departamento Arte Ibep
Capa Departamento de Arte Ibep
Editoração eletrônica N-Publicações

CIP-BRASIL. CATALOGAÇÃO-NA-FONTE
SINDICATO NACIONAL DOS EDITORES DE LIVROS, RJ

O76h
3.ed

Ordoñez, Marlene, 1941-
  História : 9º ano / Marlene Ordoñez. - 3. ed. - São Paulo :
IBEP, 2013.
  il. ; 28 cm   (Caderno do futuro)

  ISBN 978-85-342-3547-1 (aluno) - 978-85-342-3551-8 (mestre)

  1. História - Estudo e ensino (Ensino fundamental). I. Título.
II. Série.

12-8678.   CDD: 372.89
                                     CDU: 373.3.016:930

27.11.12   30.11.12   041057

3ª edição - São Paulo - 2013
Todos os direitos reservados.

Av. Alexandre Mackenzie, 619 - Jaguaré
São Paulo - SP - 05322-000 - Brasil - Tel.: (11) 2799-7799
www.editoraibep.com.br editoras@ibep-nacional.com.br

CTP, Impressão e Acabamento IBEP Gráfica
40123

SUMÁRIO

1. A REPÚBLICA VELHA 4

2. A SOCIEDADE NA REPÚBLICA VELHA 18

3. A REVOLUÇÃO DE 1930 E A
   ERA VARGAS 32

4. A SEGUNDA GUERRA MUNDIAL 43

5. O MUNDO DA GUERRA FRIA 49

6. O ESTADO POPULISTA (1946 - 1964) 54

7. OS GOVERNOS MILITARES
   (1964 – 1985) 65

8. O PROCESSO MUNDIAL DE
   DESCOLONIZAÇÃO 74

9. ÁSIA: CONFLITOS NO SÉCULO XX 81

10. AMÉRICA LATINA: CONFLITOS NO
    SÉCULO XX 89

11. OS CONFLITOS NO ORIENTE MÉDIO E A
    CRISE DO SOCIALISMO 96

12. DA ABERTURA POLÍTICA AO
    GOVERNO DILMA 105

13. SÉCULO XXI: O MUNDO EM CONFLITO 121

ESCOLA

NOME

PROFESSOR

HORA	SEGUNDA	TERÇA	QUARTA	QUINTA	SEXTA	SÁBADO

PROVAS E TRABALHOS

1. A República Velha

De 1889 a 1930, vigorou a chamada **República Velha**, que pode ser dividida, para melhor compreensão, em **República da Espada**, em que os militares governaram, e **República Oligárquica** ou **República do Café**, em que a vida política do país foi dominada pelos grandes proprietários rurais, dentre os quais se destacavam os fazendeiros de café dos estados de São Paulo, de Minas Gerais e do Rio de Janeiro.

República da Espada: governos militares de Deodoro da Fonseca e Floriano Peixoto (1889-1894).

Primeiras medidas do governo republicano:
- Rui Barbosa foi nomeado ministro da Fazenda e Benjamin Constant, ministro da Guerra;
- Expulsão do Brasil de dom Pedro II e da família real;
- Transformação das províncias em estados (federalismo);
- Separação entre Igreja e Estado;
- Instituição do casamento civil e do registro de nascimento;
- Naturalização de estrangeiros;
- Escolha da bandeira republicana;
- Convocação da Assembleia Constituinte para elaborar uma nova Constituição, que instituísse o regime republicano, federativo e presidencialista.

O Brasil passava por muitos problemas, entre os quais podemos citar: as dívidas que o antigo governo havia deixado; o dinheiro gasto com a indenização paga aos senhores pela emancipação dos escravos; o crescimento da dívida externa; o desemprego gerado pela emancipação dos escravos, sem nenhum plano social; o desenvolvimento desordenado das cidades, com o aumento do número de imigrantes e de ex-escravos.

1. O período que se estende de 1889 a 1930 é chamado de _____. Podemos dividir esse período em duas fases: a _____ e a _____ ou _____.

2. O período republicano compreendido pelos governos _____ é chamado de República da Espada.

3. O período republicano compreendido pelo domínio dos _____ é chamado de República Oligárquica ou República do Café.

4. Quais foram os presidentes militares da República da Espada?

5. Marque o que **NÃO** foi medida tomada pelo governo no início da República:

( ) Rui Barbosa foi nomeado ministro da Fazenda.

( ) Benjamin Constant foi nomeado ministro da Guerra.

( ) Expulsão do Brasil de dom Pedro II e da família real.

( ) Transformação das províncias em estados (federalismo).

( ) Separação entre Igreja e Estado.

( ) União entre Igreja e Estado, pelo beneplácito.

( ) Instituição do casamento civil e do registro de nascimento.

( ) Naturalização de estrangeiros.

( ) Escolha da bandeira republicana.

( ) Abolição total da escravatura.

( ) Convocação da Assembleia Constituinte para elaborar uma nova Constituição.

6. Cite três fatores que aprofundaram a crise econômica brasileira no início do período republicano.

O ENCILHAMENTO

Em 1890, o ministro da Fazenda, Rui Barbosa, fez uma reforma financeira: aumentou a quantidade de moeda em circulação sem o equivalente lastro (ouro de reserva, correspondente ao dinheiro que circulava). Essa moeda seria dada, sob a forma de empréstimo bancário, a quem quisesse iniciar uma empresa. Essa política provocou a crise do Encilhamento (nome que deriva do local onde se faziam apostas, nas corridas de cavalos). Nasceram empresas-fantasmas, que não existiam senão no papel. Na bolsa, as ações eram cotadas em valores altos, completamente irreais.

Consequências do Encilhamento: alta geral do custo de vida; desvalorização da moeda; encarecimento dos produtos estrangeiros; as importações diminuíram; falências.

7. O que foi o Encilhamento?

8. Cite três consequências do Encilhamento.

> - A religião católica deixava de ser oficial.
> - Respeito à liberdade de reunião, à liberdade de imprensa e ao direito de *habeas corpus*.
> - Três poderes: Executivo (presidente da República e ministros de Estado); Legislativo (Câmara dos Deputados e Senado Federal, formando o Congresso Nacional); Judiciário (juízes de direito e desembargadores, Supremo Tribunal Federal).
> - Instituição do voto aberto: chamado de "voto de cabresto", porque era controlado pelos "coronéis" (fazendeiros), o que deu origem ao "coronelismo", ou seja, ficou concentrado grande poder nas mãos dos fazendeiros.

> **A CONSTITUIÇÃO REPUBLICANA DE 1891 (SEGUNDA CONSTITUIÇÃO DO BRASIL)**
> Estabelecia as seguintes medidas:
> - Forma de governo: República Federativa Presidencialista.
> - Eleição do presidente por voto direto, com um mandato de quatro anos, menos o primeiro, que seria eleito pela Assembleia Constituinte.
> - Direito de voto aos maiores de 21 anos, independentemente da renda. Mulheres, analfabetos, religiosos de ordem monástica e praças do Exército não tinham o direito de voto.
> - Maior autonomia para os estados, os quais poderiam estabelecer impostos, organizar a sua política, fazer empréstimos no exterior.

9. A Constituição de 1891 foi a _____ Constituição do Brasil e estabelecia como forma de governo a _____ .

10. Sobre a Constituição de 1891, é correto afirmar que:

( ) Estabelecia o direito de voto para as mulheres e os analfabetos.
( ) Os cidadãos brasileiros podiam votar a partir dos 18 anos de idade.

( ) O voto era secreto.
( ) Instituiu o voto aberto, isto é, não secreto, o que permitia o controle dos fazendeiros sobre os eleitores.

11. No Brasil republicano, existiam três poderes: o _____, exercido pelo presidente da República e pelos ministros de Estado; o Judiciário, exercido por _____, e o _____, exercido pelo Congresso Nacional.

12. O que se entende por "voto de cabresto"?

> italiano), principalmente em São Paulo (Oeste Paulista).
> **Convênio de Taubaté** (1906): em virtude da crise de superprodução, os cafeicultores de São Paulo, de Minas Gerais e do Rio de Janeiro assinaram com o governo um acordo, pelo qual este se comprometia a comprar o excedente da produção para estocar e esperar melhores preços no mercado. Para isso, contraía empréstimos, e quem pagava por esses empréstimos era a população, com os impostos. Portanto, os prejuízos dos fazendeiros eram distribuídos entre todos.

13. Quais eram as características da economia brasileira durante a República Velha? O que o Brasil exportava e o que importava?

> **CAFÉ: A PRINCIPAL ATIVIDADE ECONÔMICA**
> A economia da República Velha continuava agrária, monocultora e dependente do mercado externo. Além do café, o Brasil exportava borracha, mate, fumo e importava manufaturados e gêneros alimentícios.
> O café brasileiro dominou o mercado externo, e os maiores consumidores eram Estados Unidos e Inglaterra.
> A expansão da cafeicultura ocorreu por causa da abundância de terra e da mão de obra barata (imigrante europeu

14. Os maiores consumidores do café brasileiro no exterior eram _____ e _____.

15. Quais os fatores que favoreceram a expansão da cafeicultura no Brasil?

16. Em qual região mais se produzia café na República Velha?

17. Explique a seguinte frase: "A partir do Convênio de Taubaté, de 1906, os prejuízos dos fazendeiros passaram a ser distribuídos entre todos os brasileiros".

A DIVERSIFICAÇÃO DA ECONOMIA

Borracha: no fim do século XIX, o desenvolvimento da indústria automobilística impulsionou a exploração da borracha, e sua produção aumentou no Brasil, na região amazônica, com o emprego da mão de obra nordestina.

Em 1910, o Brasil era o primeiro produtor de borracha do mundo, mas, a partir de 1914, os ingleses plantaram mudas de seringueiras em suas colônias asiáticas e conseguiram vender o produto a um preço mais baixo (em razão de o processo de exploração ser mais moderno que o do Brasil). Assim, o ciclo da borracha entrou em crise.

Açúcar: entrou em decadência no Nordeste desde a abolição do tráfico de escravos. No período republicano, o açúcar brasileiro perdeu mercado para Cuba. O consumo ficou limitado ao mercado interno, e o maior consumidor era o estado de São Paulo. Alguns cafeicultores paulistas começaram a investir na produção açucareira. Contando com mais capital, São Paulo acabou superando a produção nordestina.

Cacau: cultivado no litoral baiano, adquiriu importância com o progresso da indústria de chocolate nos Estados Unidos e na Europa. A concorrência dos domínios ingleses na África provocou a queda da exportação do cacau brasileiro.

18. Associe corretamente:

a) Borracha.

b) Açúcar.

c) Cacau.

( ) Cultivado no Nordeste, a produção nessa região foi superada pela de São Paulo.

( ) Seu desenvolvimento foi impulsionado pela indústria automobilística.

( ) Entrou em crise por causa da concorrência inglesa na Ásia.

( ) Cultivado no litoral baiano, sofreu concorrência inglesa na África.

( ) O Brasil chegou a ser o maior produtor mundial, em 1910.

( ) Seu desenvolvimento foi decorrente do consumo de chocolate nos Estados Unidos e na Europa.

( ) Entrou em crise ao perder mercado para Cuba.

19. Quem trabalhava nos seringais da Amazônia, para extrair borracha?

20. Complete com a região onde se desenvolveram os seguintes produtos na República Velha:

Açúcar:

Cacau:

Borracha:

Café:

O CRESCIMENTO INDUSTRIAL BRASILEIRO

A disponibilidade de capitais, por causa da abolição do tráfico de escravos, e a elevação das tarifas alfandegárias, desde 1844, causaram um ligeiro crescimento industrial no Brasil.

A partir de 1910, São Paulo ultrapassou o Rio de Janeiro, tornando-se o principal centro industrial do Brasil. Contribuíram para a industrialização de São Paulo: o capital acumulado com o café e a ampliação do mercado consumidor, decorrente do aumento da população.

Alguns imigrantes instalaram manufaturas nos centros urbanos, que se transformaram, mais tarde, em grandes indústrias (Matarazzo, Klabin, Filizola etc.)

A Primeira Guerra Mundial impulsionou internamente as indústrias de tecidos, alimentos, vestuário, calçados, vidros etc. (produtos que não podiam mais ser comprados no exterior).

21. Na República Velha, ocorreu um pequeno desenvolvimento industrial. Quais os fatores que favoreceram o aparecimento das primeiras fábricas?

Até o início do século XX, a maior parte do capital estrangeiro investido no Brasil era de origem inglesa. Quando os Estados Unidos se tornaram o maior consumidor de café brasileiro, o investimento norte-americano superou o inglês.

23. Até o início do século XX, a maior parte do capital estrangeiro investido no Brasil era de origem _____. Depois disso, o investimento _____ superou o _____.

22. Quais foram os primeiros produtos industrializados produzidos no Brasil?

24. O que podemos destacar no governo de Campos Sales?

OS INVESTIMENTOS ESTRANGEIROS NO BRASIL

Com a crise financeira provocada pelo Encilhamento, além do fato de o Brasil estar endividado, não se conseguiam mais empréstimos no exterior, o que agravou a queda dos preços do café em 1896.

O presidente Campos Sales conseguiu um novo empréstimo com banqueiros ingleses e mais tempo para saldá-lo. Para aumentar a renda do Estado, cortou os gastos públicos, aumentou os antigos impostos e criou outros.

O presidente Rodrigues Alves, sucessor de Campos Sales, pôde investir no saneamento do Rio de Janeiro, na instalação de portos e na construção de estradas.

25. O que se destaca no governo de Rodrigues Alves?

10

A REPÚBLICA OLIGÁRQUICA

Prudente de Morais, 1894-1898: representante da classe cafeicultora no poder, foi o primeiro civil a ocupar a Presidência, inaugurando o revezamento das oligarquias paulista e mineira no controle da vida política do país.

Campos Sales, 1898-1902: republicano histórico, ex-ministro da Justiça, presidia o estado de São Paulo. Conseguiu a moratória da dívida externa e um novo empréstimo de 10 milhões de libras, com juro de 5% ao ano e um prazo de pagamento de 63 anos. Em 1961, o então presidente Jânio Quadros saldou essa dívida. Campos Sales incumbiu o ministro da Fazenda Joaquim Murtinho de organizar um programa de saneamento financeiro e de aumento das rendas públicas. Houve crescimento das taxas de importação, a criação de impostos e a contenção dos salários e das despesas públicas. A balança comercial teve saldo positivo, o câmbio elevou-se e a balança de pagamentos obteve um superávit. No entanto, isso implicou carestia, desemprego e elevação dos preços dos produtos de primeira necessidade.

26. O primeiro presidente civil a ocupar a Presidência do Brasil foi _____, que era representante dos _____.

27. O empréstimo da Inglaterra, feito pelo presidente Campos Sales, no valor de _____, só foi pago inteiramente no governo de _____.

Política dos Governadores: acerto político entre o governo federal e as oligarquias regionais. O governo federal se comprometia a apoiar os governos estaduais, não interferindo na política local, e, em troca, esses governos estaduais se encarregavam de apoiar o governo federal. Começou a ocorrer a "degola" dos candidatos da oposição (estes, se eram eleitos, eram impedidos de tomar posse dos cargos). Os "coronéis" decidiam as eleições (o voto era aberto).

Política do Café com Leite: iniciada por Rodrigues Alves, era a união de São Paulo e Minas Gerais, que passaram a se revezar no governo federal. Enquanto a economia de São Paulo se sustentava na cafeicultura, a de Minas Gerais se sustentava na pecuária. Para as demais oligarquias, o Executivo era incumbido de honrar os compromissos da Política dos Governadores.

28. O que foi a Política dos Governadores?

29. Na época da República Velha, ocorria a chamada "degola" da oposição. Entende-se por isso:

( ) O assassinato dos candidatos contra o governo.

( ) Os candidatos eleitos da oposição eram impedidos de tomar posse.

( ) Os coronéis prendiam os candidatos da oposição.

( ) O voto aberto, por isso chamado de "voto de cabresto".

30. A política do Café com Leite significava:

( ) Revezamento entre São Paulo e Minas Gerais no governo federal.

( ) Domínio de São Paulo e Rio Grande do Sul na economia.

( ) Domínio dos grandes fazendeiros do Nordeste sobre a política.

( ) Grande exportação de café e leite para a Europa e os Estados Unidos.

> **Rodrigues Alves**, 1902-1906. Principais fatos: Revolta da Escola Militar, superprodução de café, pagamento das dívidas públicas. Período de recuperação financeira, com grandes empreendimentos públicos (remodelamento do Rio de Janeiro, melhoria de estradas de ferro, construção do Teatro Municipal, entre outros).
>
> **Afonso Pena**, 1906-1909. O novo presidente, mineiro, procurou desenvolver a agricultura, construir estradas, incentivar a indústria e estimular a entrada de mais imigrantes para o cultivo do café. Aproximou-se dos militares, instituindo o serviço militar obrigatório. Ocorreu superprodução de café, e o presidente estabeleceu o Plano Nacional de Valorização do Café, comprando toda a safra do produto para armazená-lo e vendê-lo no final da crise. Para executar o plano, realizou novos empréstimos com a Inglaterra. Afonso Pena morreu em 1909, e seu mandato foi completado pelo vice, Nilo Peçanha.

31. Associe corretamente.

a) Prudente de Morais.
b) Campos Sales.
c) Rodrigues Alves.
d) Afonso Pena.
e) Nilo Peçanha.

(   ) Inaugurou o revezamento das oligarquias paulista e mineira no controle da vida política do país.

(   ) Conseguiu um novo empréstimo de 10 milhões de libras, com juro de 5% ao ano e um prazo de pagamento de 63 anos.

(   ) Em seu governo iniciou-se a Política do Café com Leite.

(   ) Foi o primeiro civil a ocupar a Presidência.

(   ) Grandes empreendimentos públicos, como remodelamento do Rio de Janeiro, melhoria de estradas de ferro, construção do Teatro Municipal, entre outros.

(   ) Aproximou-se dos militares, instituindo o serviço militar obrigatório.

(   ) Em seu governo, houve a Revolta da Escola Militar, mas foi também um período de recuperação financeira.

(   ) Implantou o Plano Nacional de Valorização do Café, comprando toda a safra do produto para armazená-lo e vendê-lo no final da crise.

(   ) Completou o mandato de Afonso Pena, que morreu em 1909.

(   ) Em seu governo ocorreu a criação de impostos e a contenção dos salários e das despesas públicas.

Revisão

1. Como pode ser dividida a República Velha, de 1889 a 1930? O que caracteriza cada período?

2. Os governos de Deodoro da Fonseca e Floriano Peixoto formam a fase da República Velha chamada de _____. Nesse período, uma grave crise econômica abalou o país, o _____, resultante de uma reforma financeira promovida pelo ministro da Fazenda, que era _____.

3. No início da República, podemos destacar:

( ) Benjamin Constant foi nomeado ministro da Guerra, e dom Pedro II, com sua família, foi expulso do Brasil.

( ) União entre Igreja e Estado, pelo beneplácito, e abolição da escravatura.

( ) Foram instituídos o casamento civil e o registro de nascimento.

( ) Todos os estrangeiros residentes no Brasil foram mandados de volta para suas pátrias.

4. Marque a alternativa que **NÃO** contribuiu com a crise econômica brasileira no início do período republicano:

( ) Crescimento da dívida externa.

( ) Desemprego causado pela emancipação dos escravos.

( ) Crescimento desordenado das cidades, com o aumento do número de imigrantes e ex-escravos.

( ) Início da industrialização, graças ao capital gerado pela economia cafeeira.

5. O chamado Encilhamento teve como principal característica:

( ) Venda de cavalos de corrida.

( ) Aumento de dinheiro em circulação, sem reservas em ouro.

( ) Envio de todo o ouro brasileiro para a Inglaterra.

( ) Fundação de empresas fortes e competitivas.

6. Pela Constituição de 1891, a forma de governo estabelecida para o Brasil foi:

( ) Monarquia Absolutista.

( ) República Parlamentarista.

( ) Monarquia Constitucional.

( ) República Federativa Presidencialista.

7. O que a Constituição de 1891 estabelecia em relação ao voto no Brasil? Como o voto passou a ser chamado?

8. O que foi o coronelismo na República Velha?

9. Coloque **F** para falso e **V** para verdadeiro: A economia brasileira durante a República Velha caracterizou-se por:

( ) Ser dependente do mercado externo, importando manufaturados e gêneros alimentícios.

( ) Ser agrária e monocultora, sustentada principalmente pelo café.

( ) Ser altamente industrializada, graças aos incentivos governamentais.

( ) Continuar baseada na mão de obra escrava.

( ) Ter atraído a mão de obra dos imigrantes, principalmente italianos.

( ) Sofrer crises periódicas, principalmente quando ocorria superprodução de café.

10. A região que mais produzia café na República Velha era:

( ) Rio de Janeiro.

( ) Vale do Paraíba.

( ) Serra da Mantiqueira.

( ) Oeste Paulista.

11. Em 1906, realizou-se uma reunião entre cafeicultores e governo, conhecida como Convênio de Taubaté. O que eles decidiram?

12. Além de café, o Brasil produziu, durante a República Velha:

13. Complete com o nome do produto a que se refere a frase:

a) Cultivado no Nordeste, a produção nessa região foi superada pela de São Paulo:

b) Seu desenvolvimento foi decorrência da indústria automobilística:

c) Entrou em crise por causa da concorrência inglesa na Ásia:

d) Cultivado no litoral baiano, sofreu concorrência inglesa na África:

e) O Brasil chegou a ser o maior produtor mundial, em 1910:

f) Seu desenvolvimento foi decorrente do consumo de chocolate nos Estados Unidos e na Europa:

g) Entrou em crise ao perder mercado para Cuba:

14. Quais os fatores que auxiliaram a industrialização de São Paulo na primeira metade do século XX?

15. Cite o nome de alguns imigrantes cujas manufaturas instaladas nos centros urbanos se transformaram, mais tarde, em grandes indústrias.

16. Qual foi a influência da Primeira Guerra Mundial no processo de industrialização ocorrido no Brasil na República Velha?

17. Entende-se por República Oligárquica:

( ) O período em que o Brasil foi governado por representantes da aristocracia rural.

( ) O período em que o Brasil foi governado pela elite militar.

( ) A fase de governos democráticos da República Velha.

( ) A etapa de transição da monarquia para a República.

18. O primeiro presidente civil do país foi _____.

19. Associe corretamente:

a) Política dos Governadores.
b) Política do Café com Leite.
c) Voto de cabresto.
d) Degola da oposição.
e) Coronelismo.

( ) Revezamento das oligarquias paulista e mineira no controle da vida política do país.

( ) Grande poder na mão dos fazendeiros.

( ) Voto controlado pelos "coronéis", que conduziam seus eleitores a escolher candidatos por eles indicados.

( ) Acordo entre o poder estadual e o governo, para apoio político e manutenção de privilégios em cada uma dessas esferas.

( ) Impedimento de que um candidato da oposição, se eleito, tomasse posse do cargo.

20. Escreva um fato relevante do governo de:

a) Prudente de Morais:

b) Campos Sales:

c) Rodrigues Alves:

d) Afonso Pena:

e) Nilo Peçanha:

2. A sociedade na República Velha

O desenvolvimento industrial acentuou a urbanização, embora a maior parte da população continuasse vivendo no campo (o Brasil ainda era um país rural).

A **classe dominante nas cidades**: formada pela burguesia industrial e banqueiros. Alguns eram imigrantes estrangeiros, que começavam com pequenas oficinas e enriqueciam; outros eram cafeicultores que investiam na indústria.

A **classe média urbana**: formada por funcionários públicos, profissionais liberais, militares, pequenos comerciantes e artesãos. Defendia o voto secreto e almejava maior participação política.

O **operariado**: composto de imigrantes estrangeiros e trabalhadores brasileiros que deixavam o campo. O operário trabalhava de 10 a 11 horas por dia. Não tinha direito a férias, nem a indenização por acidentes de trabalho. Os salários eram baixos e, por isso, o operário alimentava-se mal e morava em habitações precárias.

1. Na primeira metade do século XX, podemos afirmar que no Brasil:

( ) Cresceu a urbanização, em decorrência do começo do desenvolvimento industrial.

( ) A maior parte da população brasileira passou a viver nas cidades.

( ) O Brasil deixou de ser um país rural.

( ) Não houve nenhum crescimento industrial e urbano.

2. No início do século XX, a classe dominante era formada pela _____ e pelos _____ .

3. Como a classe dominante enriqueceu no começo do século XX no Brasil?

4. Quem compunha o operariado na República Velha?

5. Como era a vida dos operários no Brasil, no começo do século XX?

6. Explique por que ocorreram rebeliões populares e de trabalhadores tanto nas cidades quanto no campo, na época da República Velha.

REVOLTAS CONTRA A OPRESSÃO SOCIAL

A rápida modernização e o crescimento urbano e populacional causaram muitos problemas sociais, tanto nas cidades como no campo, onde os trabalhadores viviam em estado de extrema pobreza, sem terra, fora do mercado de trabalho, excluídos das decisões políticas e dos direitos trabalhistas. Os trabalhadores enfrentaram a situação de opressão e responderam com rebeliões.

Essas rebeliões sociais ocorreram no Brasil tanto no meio urbano – as revoltas da **Chibata** e da **Vacina** – quanto no meio rural – os movimentos messiânicos de **Canudos** e do **Contestado**.

Movimentos messiânicos eram aqueles em que o protesto à injustiça social estava mesclado com a religiosidade popular.

7. Quais foram as revoltas que ocorreram no meio urbano durante a República Velha?

8. Quais foram as revoltas que ocorreram no meio rural durante a República Velha?

9. O que eram movimentos messiânicos?

A REVOLTA DA CHIBATA OU REVOLTA DOS MARINHEIROS (1910)

No Rio de Janeiro, marinheiros revoltaram-se contra os castigos corporais a que eram submetidos. Líder: o marujo João Cândido, apelidado de Almirante Negro. Os rebeldes tomaram vários navios que estavam na Baía de Guanabara e passaram a controlá-los, expulsando os oficiais e matando aqueles que resistiam. Ameaçaram bombardear a cidade caso o governo não atendesse às suas reivindicações. A revolta foi sufocada pelo presidente Hermes da Fonseca.

AS REBELIÕES SOCIAIS URBANAS

Os trabalhadores urbanos se revoltaram contra as péssimas condições de vida, geralmente em cortiços, onde não havia saneamento básico, coleta regular de lixo, rede de esgotos e condições mínimas de higiene e alimentação. Outro problema grave era a falta de trabalho.

A REVOLTA DA VACINA (1904)

Nos cortiços, as condições precárias de higiene contribuíram para a disseminação pela cidade de uma série de doenças. Em 1904, Rodrigues Alves publicou a Lei da Vacinação Obrigatória e autorizou o higienista Osvaldo Cruz a iniciar a vacinação em massa da população, para deter um surto de febre amarela. Como o povo não fora devidamente esclarecido sobre a necessidade da vacina, reagiu e passou a agredir os vacinadores. O Rio de Janeiro transformou-se num campo de batalha.

Rodrigues Alves revogou a obrigatoriedade da vacina, mas sufocou o movimento popular.

10. Coloque F para falso e V para verdadeiro.

( ) As rebeliões sociais urbanas tinham por objetivo instituir no Brasil um governo de trabalhadores.

( ) As rebeliões urbanas na República Velha ocorriam por causa das péssimas condições de vida dos trabalhadores.

( ) O operariado sofria pela falta de condições mínimas de higiene e alimentação, e esse fato gerava muitas revoltas.

( ) As rebeliões sociais urbanas na República Velha tinham um forte caráter religioso, por isso eram chamadas de messiânicas.

11. Associe corretamente.

a) Revolta da Vacina.
b) Revolta da Chibata.

( ) Ocorreu no Rio de Janeiro, na época de Hermes da Fonseca.

( ) Seu líder foi o Almirante Negro.

( ) A população não entendia o objetivo do governo e por isso se rebelou.

( ) O motivo foram os castigos corporais a que os marujos eram submetidos.

( ) Está relacionada com o médico Osvaldo Cruz.

( ) Ocorreu no Rio de Janeiro, na época de Rodrigues Alves.

12. Complete com o que se pede sobre a Revolta da Vacina:

Local:

Motivo:

Líder:

Época:

Como acabou:

13. Complete com o que se pede sobre a Revolta da Chibata:

Local:

Motivo:

Líder:

Época:

Como acabou:

A GUERRA DE CANUDOS (1893-1897)

Ocorreu no governo de Prudente de Morais, no interior da Bahia.

Líder: Antônio Conselheiro (Antônio Vicente Mendes Maciel), um místico peregrino que, com seus seguidores, se fixou numa velha fazenda às margens do Rio Vaza-Barris, originando o Arraial de Canudos, que chegou a ter 25 mil habitantes.

Todos deveriam trabalhar, e a terra era propriedade coletiva. Conselheiro pregava uma vida cristã baseada no amor e na fraternidade e afirmava ser um enviado de Deus para minorar os sofrimentos dos sertanejos e anular os grandes pecados da República (casamento e certidão de nascimento civis, separação entre Igreja e Estado). Também pregava a restauração da monarquia, em que o rei seria Dom Sebastião (rei português desaparecido desde 1578, na Batalha de Alcácer-Quibir).

Aos poucos, os crentes que viviam em Canudos começaram a ficar alheios às ordens dos coronéis, dos governos estaduais e federal e da Igreja.

Depois de muitas batalhas, o Arraial de Canudos foi destruído, em 1897, pelas tropas do governo. Antônio Conselheiro foi encontrado morto. Ao final, 4 mil homens morreram na Guerra de Canudos.

O jornalista Euclides da Cunha, a serviço do jornal *O Estado de S. Paulo*, fez a cobertura da Guerra de Canudos. Suas observações e artigos deram origem ao livro *Os sertões*.

14. Durante a República Velha, um dos mais importantes movimentos messiânicos foi a Guerra _____, ocorrida no interior da _____, no governo de _____. Essa guerra foi descrita pelo jornalista _____, no jornal _____, e seus artigos deram origem ao famoso livro _____.

15. Quem foi Antônio Conselheiro?

16. O que Antônio Conselheiro pregava para seus seguidores?

17. Por que o governo brasileiro combateu os habitantes de Canudos?

18. Como terminou a Guerra de Canudos?

( ) Com a vitória dos seguidores de Antônio Conselheiro, que receberam ajuda do jornal *O Estado de S. Paulo*.

( ) Com uma única morte, a do próprio líder, Antônio Conselheiro.

( ) Com um massacre feito pelas tropas do governo, que mataram cerca de 4 mil pessoas.

( ) Com um romance escrito por Euclides da Cunha, um jornalista que participou da luta.

A GUERRA DO CONTESTADO (1912)
Começou com uma questão de limites entre as províncias do Paraná e de Santa Catarina, que disputavam a região ao sul dos rios Negro e Iguaçu (região do "contestado"). Agravante: a companhia norte-americana Brazil Railway Company desapropriou terras às margens da ferroviária que construía, causando a insatisfação dos lavradores e dos pequenos proprietários.
Líder: o "monge" José Maria conseguiu reunir, em Taquaraçu, no município de Curitibanos, um grande número de seguidores, que viam nele um curandeiro e profeta.
Entraram em choque com as forças policiais requisitadas pelos fazendeiros. José Maria foi morto, mas seus seguidores derrotaram os paranaenses. Novo líder: Eusébio Ferreira dos Santos.
Repressão comandada pelo general Fernando Setembrino de Carvalho. Os redutos rebeldes foram gradativamente destruídos. Em 1916, foi assinada a Convenção de Limites entre Santa Catarina e Paraná.

19. A Guerra do Contestado ocorreu entre as províncias do _____ e de _____.

20. Como começou o conflito que levou à Guerra do Contestado? Qual fato agravou a situação?

> - a contestação dos jovens tenentes, iniciada em 1922, com a Revolta do Forte de Copacabana e continuada com a Coluna Prestes;
> - a Reação Republicana de 1921, que obrigou o presidente Artur Bernardes a governar em estado de sítio.

21. Quais eram os líderes do Contestado?

22. Os redutos rebeldes do Contestado foram _____. A questão de limites entre _____ e _____ foi resolvida em 1916, com a assinatura da _____.

23. Explique por que a década de 1920 se destaca na história da República Velha.

> **OS ANOS DE 1920**
>
> Ao longo da década de 1920, a conjuntura internacional e as questões nacionais propiciaram a crise do Estado oligárquico, que veio a cair em 1930, com a Revolução de Outubro.
>
> Nesse período, ocorreu o fortalecimento da burguesia industrial paulista, que discordava do domínio da oligarquia cafeicultora.
>
> Destacam-se nessa década:
> - a Semana de Arte Moderna, em 1922;
> - a organização da classe operária, que fundou o Partido Comunista Brasileiro em 1922;

24. Quais os fatos que mais se destacam no Brasil na década de 1920?

25. O que foi o tenentismo?

26. Quais os setores da sociedade brasileira que apoiaram ou simpatizaram com o tenentismo?

27. Quais foram as revoltas tenentistas que se destacaram na República Velha?

O TENENTISMO

Foi um movimento político-militar que pretendia realizar mudanças na sociedade brasileira, diminuindo o poder das oligarquias e acabando com a corrupção eleitoral. Planejava o voto secreto e contou com a simpatia dos setores médios da sociedade e da classe operária. Também combatia o coronelismo e as eleições fraudulentas.

Estão ligadas ao movimento tenentista a Revolta do Forte de Copacabana ou Os Dezoito do Forte e a Revolução de 1924.

A REVOLTA DO FORTE DE COPACABANA (1922)

Rebelião militar que pretendia impedir a posse de Artur Bernardes. O marechal Hermes da Fonseca assumiria a Presidência provisoriamente, e seu primeiro ato seria declarar a vitória de Nilo Peçanha. Na madrugada de 5 de junho de 1922, alguns oficiais tomaram o Forte de Copacabana. Em seguida, atacaram o quartel-general do Exército, e outras unidades militares se rebelaram no Rio de Janeiro, em Niterói e em Mato Grosso. O Congresso decretou estado de sítio.

Dezessete cadetes e o civil Octávio Correia saíram em marcha pelas praias de Copacabana até que foram impedidos de continuar pelas tropas do governo. Só dois sobreviveram: Siqueira Campos e Eduardo Gomes.

A REVOLUÇÃO DE 1924 EM SÃO PAULO

Liderada pelo general Isidoro Dias Lopes. A partir de 5 de julho, mais de mil homens ocuparam lugares estratégicos da cidade de São Paulo. O objetivo era depor o presidente Artur Bernardes. Foram derrotados e passaram a formar a Coluna Paulista. Após abandonarem São Paulo, liderados pelos tenentes Siqueira Campos e Juarez Távora, os paulistas partiram para o interior do estado.

28. Associe corretamente.

a) Revolta do Forte de Copacabana.
b) Revolução de 1924 em São Paulo.

( ) Juarez Távora foi um dos tenentes que participaram do movimento.

( ) Pretendia impedir a posse de Artur Bernardes.

( ) Um dos líderes foi o general Isidoro Dias Lopes.

( ) O objetivo era depor o presidente Artur Bernardes.

( ) Só houve dois sobreviventes.

( ) Tomaram o forte e atacaram o quartel-general do Exército.

( ) Depois de derrotados, formaram a chamada Coluna Paulista.

A COLUNA PRESTES

Depois de serem derrotados em um levante em Santo Ângelo, no Rio Grande do Sul, o tenente Luís Carlos Prestes e seus homens entraram no Paraná, onde, após se encontrarem com as tropas da Coluna Paulista, organizaram a **Coluna Prestes**, um agrupamento de militares e simpatizantes que passou a percorrer o Brasil pregando a revolução contra o governo dos cafeicultores e das oligarquias.

Prestes propôs que atravessassem a fronteira e percorressem um pequeno trecho do território paraguaio para invadir Mato Grosso. Com essa invasão, iniciou-se uma longa marcha militar.

O general Rondon foi designado para combater a Coluna. As forças legalistas conseguiram isolar o posto avançado rebelde, mas não o detiveram.

Em 1926, o comando revolucionário decidiu que a Coluna deveria buscar refúgio nas fronteiras. Posteriormente, entraram em territórios baiano e mineiro, onde muitos morreram e outros foram presos.

Dirigiram-se ao Piauí e de lá seguiram para Mato Grosso e Goiás. Em seguida, entraram em território boliviano, onde conseguiram asilo político. Acabavam, assim, os 647 dias de marcha da Coluna Prestes, que ao total percorreu mais de 20 mil quilômetros.

29. Dentre os movimentos tenentistas dos anos de 1920, destacou-se a Coluna _____, organizada pelo tenente _____.
Foi uma longa marcha militar que percorreu _____ no Brasil.

30. Qual era o objetivo da Coluna Prestes?

Fonte: ARRUDA, José Jobson de. *Atlas histórico básico*. São Paulo: Ática, 2005. p. 45.

31. O que aconteceu com Prestes e seus homens, depois da longa marcha pelo país?

32. Entre 1922 e 1923, os cafeicultores que dominavam a vida política do país perderam dinheiro. Por quê?

OS CAFEICULTORES EM CRISE

De 1922 a 1923, houve superprodução de café, por causa da Primeira Guerra Mundial (queda do consumo). O governo emitiu dinheiro para comprar o excedente, mas esse ato causou inflação e carestia no país.

Contra a oligarquia cafeeira, que compunha o Partido Republicano Paulista, a ascendente burguesia industrial paulista lançou o Partido Democrático, que defendia uma reforma eleitoral com voto secreto, autonomia financeira com os mesmo privilégios da cafeicultura para a indústria e livre-negociação trabalhista na questão social.

O paulista Washington Luís foi eleito presidente para o período de 1926 a 1930. O presidente, no intuito de continuar a política de valorização do café, manteve a baixa cambial, e isso propiciou a expansão da lavoura e da indústria. No entanto, a classe operária saiu muito prejudicada.

Uma nova superprodução em 1928 (baixa nos preços do café) e a crise mundial de 1929 (que levou ao desastre econômico da Bolsa de Valores de Nova York) provocaram o fim do modelo agrário-exportador.

33. O que fez o governo para ajudar os cafeicultores em crise? Quais os efeitos dessa medida?

34. Quais eram os partidos políticos que existiam nessa época e quem eles representavam?

35. Qual foi o último presidente da República Velha eleito para o período de 1926 a 1930?

36. Quais os fatos econômicos que provocaram o fim do modelo agrário-exportador e do Estado oligárquico no Brasil?

Revisão

1. Coloque F para falso e V para verdadeiro.

( ) No início do século XX, cresceu a urbanização brasileira, em decorrência do começo do desenvolvimento industrial.

( ) Foi no início da República que o Brasil deixou de ser um país rural.

( ) No início do século XX, a classe dominante era formada pela burguesia industrial, pelos banqueiros e pelos grandes proprietários rurais.

( ) Da maioria dos imigrantes estrangeiros vindos para o Brasil, apenas alguns poucos conseguiram enriquecer.

( ) O operariado na República Velha era constituído basicamente por ex-escravos.

( ) Desde o início existiu uma legislação trabalhista protegendo os trabalhadores urbanos.

( ) No início do século XX, os salários eram baixos, e, por isso, os operários alimentavam-se mal e moravam em habitações precárias.

2. Como os trabalhadores enfrentaram a situação de opressão e miséria em que viviam na República Velha?

3. No início do século XX, ocorreram revoltas populares tanto nas cidades quanto no meio rural. Estas últimas, por terem um forte conteúdo religioso, são também chamadas de

4. Cite as revoltas que ocorreram no Brasil na primeira metade do século XX, tanto no campo quanto nas cidades:

5. Complete o que se pede.

a) Revolta contra a Lei de Vacinação Obrigatória:

b) Revolta contra castigos corporais na Marinha:

c) Movimento messiânico ocorrido no interior da Bahia:

d) Movimento que começou em torno da disputa de terras entre dois estados brasileiros:

6. Marque a alternativa que **NÃO** é um destaque dos anos de 1920 no Brasil:

( ) Semana de Arte Moderna.

( ) Fundação do Partido Comunista Brasileiro.

( ) Revolta do Forte de Copacabana e início da Coluna Prestes.

( ) Fim da Política do Café com Leite por causa da Revolução de Getúlio Vargas.

7. Entendemos por tenentismo:

( ) Revolta dos jovens tenentes contra castigos corporais no Exército.

( ) Movimento político-militar que objetivava realizar mudanças na sociedade brasileira.

( ) Recrutamento de jovens oficiais para a Coluna Prestes.

( ) Reação do Exército contra os movimentos messiânicos.

8. Foi uma das revoltas tenentistas que se destacaram na República Velha:

( ) Os Dezoito do Forte.
( ) A Guerra de Canudos.
( ) A Revolta da Vacina.
( ) A Intentona Comunista.

9. O objetivo da Coluna Prestes era:

( ) Apenas percorrer o Brasil pregando uma revolução comunista.

( ) Fazer uma revolução contra o governo dos cafeicultores e das oligarquias.

( ) Promover um levante das Forças Armadas contra Getúlio Vargas.

( ) Reprimir o movimento tenentista.

10. Assinale quais medidas eram defendidas pelo Partido Democrático, partido lançado pela ascendente burguesia industrial paulista:

( ) Autonomia financeira para a indústria com os mesmos privilégios da cafeicultura.

( ) Reforma eleitoral com voto secreto.

( ) Livre-negociação trabalhista.

( ) Nenhuma das anteriores.

Anotações

3. A Revolução de 1930 e a Era Vargas

No ano de 1930, ocorreram grandes mudanças no Brasil. O presidente Washington Luís foi deposto por uma revolução liderada por Getúlio Vargas, que pôs fim à República Velha e deu início à chamada Era Vargas.

A campanha eleitoral para a sucessão do presidente Washington Luís provocou a divisão da oligarquia dominante e foi o estopim da revolução que derrubou a República Velha.

Washington Luís, ligado à oligarquia de São Paulo, indicou como sucessor o paulista Júlio Prestes, que garantiria a continuidade da política de valorização do café.

Os mineiros, que esperavam a indicação de Antônio Carlos, presidente de Minas Gerais (na época, o dirigente do estado não se chamava governador, mas sim presidente), romperam sua aliança com São Paulo e, com o Rio Grande do Sul e a Paraíba, criaram um novo partido, a **Aliança Liberal**, que lançou a candidatura de Getúlio Vargas, ex-ministro da Fazenda e presidente do Rio Grande do Sul. O candidato a vice-presidente era o paraibano João Pessoa.

A Aliança Liberal concentrou suas forças nos grandes centros urbanos, buscando, assim, a adesão da burguesia industrial, do operariado e dos líderes tenentistas.

Em março de 1930, Júlio Prestes foi declarado vencedor das eleições, mas a ala mais radical da oposição, alegando fraude eleitoral, iniciou a organização de um movimento para derrubar Washington Luís. Em julho do mesmo ano, o assassinato de João Pessoa, no Recife, contribuiu para dar mais força à oposição.

Tropas do Rio Grande do Sul marcharam em direção ao Rio de Janeiro. No Nordeste, a rebelião teve à frente Juarez Távora. O presidente Washington Luís foi deposto em 24 de outubro de 1930.

Formou-se uma junta militar (Tasso Fragoso, Mena Barreto e Isaías de Noronha), e, em 3 de novembro, Getúlio Vargas assumiu o poder.

Getúlio Vargas ao assumir o poder em 1930.

1. No ano de 1930, ocorreu uma grande mudança na História do Brasil. Explique que mudança foi essa.

2. Podemos considerar o estopim da Revolução de 1930:

   ( ) A deposição do presidente Washington Luís.

   ( ) O avanço de tropas do Rio Grande do Sul para o Rio de Janeiro.

   ( ) A formação de uma junta militar que entregou o governo a Getúlio Vargas.

   ( ) A indicação do paulista Júlio Prestes para candidato à sucessão de Washington Luís.

3. Em 1930, um agrupamento político confrontou o poder da antiga oligarquia cafeeira. Que agrupamento foi esse e quais segmentos sociais o apoiavam?

4. A Revolução de 1930 teve a participação de tropas que partiram do _____ e do _____ em direção ao _____. Em 24 de outubro, o presidente _____ foi deposto, e formou-se uma _____ que entregou o governo a _____, em 3 de novembro de 1930.

A ERA VARGAS

No decorrer dos primeiros 15 anos em que governou o Brasil, Getúlio foi chefe do Governo Provisório (1930-1934), presidente eleito por via indireta (1934-1937) de um governo constitucional e ditador no Estado Novo (1937-1945).

O GOVERNO PROVISÓRIO (1930-1934)

Nesse período ocorreram vários fatos:
- Dissolução do Congresso Nacional, das assembleias estaduais e das câmaras municipais.
- Nomeação de interventores para os estados, com amplos poderes.
- Criação de dois ministérios, o do Trabalho, Indústria e Comércio e o da Educação e Saúde.
- Estabelecimento de um rígido controle dos meios de comunicação e dos sindicatos, que, para funcionar, precisavam da autorização do Ministério do Trabalho.
- Aprovação de algumas leis trabalhistas: regulamentação do trabalho feminino e infantil; descanso semanal remunerado; férias remuneradas; jornada de trabalho de oito horas diárias.

5. Quanto tempo durou a Era Vargas?

6. Como podemos dividir o período de governo de Getúlio Vargas de 1930 a 1945?

7. Sobre o Governo Provisório de Getúlio Vargas, é correto afirmar:

( ) Foi um período de ditadura.

( ) Foram aprovadas as primeiras leis trabalhistas no Brasil.

( ) Foram criados os ministérios da Fazenda e da Justiça.

( ) Foi um período democrático, porque Getúlio foi eleito por voto direto.

8. Qual fato **NÃO** aconteceu no período do Governo Provisório de Getúlio Vargas?

( ) Dissolução do Congresso Nacional.

( ) Nomeação de interventores para os estados.

( ) Criação de dois ministérios.

( ) Abolição de toda legislação trabalhista então existente.

9. Cite algumas leis trabalhistas criadas logo após a Revolução de 1930.

A REVOLUÇÃO CONSTITUCIONALISTA DE 1932

Com a Revolução de 1930, São Paulo perdeu sua hegemonia na política nacional, e até mesmo o governo do estado passou para o controle de Getúlio. Em 1932, na tentativa de retomar o poder, os paulistas desencadearam um movimento revolucionário.

Os partidos Democrático e Republicano Paulista se uniram, formando a Frente Única, que exigia a autonomia política para São Paulo e a reconstitucionalização do país, com a convocação de uma Assembleia Nacional Constituinte, já que a Revolução de 1930 havia declarado extinta a Constituição de 1891.

Vargas marcou o dia para a eleição dos membros da Assembleia Constituinte, mas a oligarquia paulista continuou reagindo, pois queria controlar o poder e fazer uma política efetivamente favorável ao café. Em uma das manifestações contra o governo, foram mortos na cidade de São Paulo os estudantes Martins, Miragaia, Dráuzio e Camargo, o que deu origem à sigla MMDC, que passou a identificar o movimento paulista.

Em 9 de julho eclodiu a Revolução Constitucionalista. As forças paulistas foram comandadas pelo general Isidoro Dias Lopes. Depois de cerca de três meses de revolução, os paulistas foram derrotados pelas tropas federais.

10. O que foi a Revolução Constitucionalista de 1932?

11. O que os revolucionários de 1932 reivindicavam?

12. De onde surgiu a sigla MMDC, que passou a ser o símbolo da Revolução de 1932?

13. Por que a oligarquia paulista continuou lutando contra o governo, mesmo depois de Getúlio Vargas ter marcado a data para a eleição da Assembleia Constituinte?

14. Como terminou a Revolução Constitucionalista de 1932?

A CONSTITUIÇÃO DE 1934
Essa Constituição estabelecia, entre outras medidas:
- Autonomia dos estados.

- Mandato presidencial de quatro anos, sendo o primeiro presidente eleito por via indireta.
- Voto universal secreto, direito da mulher ao voto.
- Salário mínimo, jornada de oito horas de trabalho, descanso semanal e férias remuneradas.
- Proibição do trabalho de menores de 14 anos de idade; indenização por dispensas sem justa causa.
- Deputados classistas, isto é, representantes dos diversos segmentos sociais do país.

15. Em 1934, uma nova Constituição foi promulgada no Brasil. Cite algumas de suas características.

O GOVERNO CONSTITUCIONAL (1934-1937)

A Assembleia Constituinte elegeu o presidente da República, e Getúlio foi confirmado no cargo, agora como presidente constitucional.

Surgem nesse período duas correntes político-ideológicas antagônicas:

- **Ação Integralista Brasileira (AIB)**, fascista, liderada por Plínio Salgado.
- **Aliança Nacional Libertadora (ANL)**, marxista, liderada por Luís Carlos Prestes, secretário-geral do Partido Comunista.

Em 1935, a ANL dá início à Intentona Comunista, tentativa de tomar o poder e instalar o socialismo. O movimento fracassou e os revolucionários se entregaram. Derrotada a rebelião, o governo de Vargas estabeleceu uma forte repressão política.

Usando a insurreição comunista como justificativa, Getúlio suspendeu a Constituição de 1934, a mais liberal que o Brasil já tivera. Em 1937, às vésperas das eleições presidenciais, sob o pretexto de proteger o Brasil das ameaças totalitárias, Vargas deu um golpe de Estado, tornando-se ditador.

16. Por que Getúlio Vargas continuou governando o Brasil depois de 1934?

17. Quais foram as forças políticas que surgiram no Brasil no período de 1934 a 1937 e quais eram suas características e líderes?

18. A Intentona Comunista pode ser definida como:

( ) Uma tentativa do Partido Integralista de tomar o poder e instalar o fascismo.

( ) Uma tentativa da Aliança Nacional Libertadora de tomar o poder e instalar o socialismo.

( ) Uma tentativa dos paulistas de retomar o poder e instalar leis que protegessem a economia cafeeira.

( ) Um movimento messiânico ocorrido no Nordeste, liderado por Luís Carlos Prestes.

19. Como acabou a Intentona Comunista de 1935?

20. Usando a Intentona Comunista como pretexto, o que fez Getúlio Vargas em 1937?

> **O ESTADO NOVO: DITADURA E TRABALHISMO**
>
> A Constituição outorgada de 1937 legalizava a ditadura e a centralização do poder nas mãos de Vargas.
>
> Nesse período, houve uma expansão industrial, principalmente a indústria de base, e a retomada do crescimento das exportações nacionais, por causa da Segunda Guerra Mundial. Por isso, a maioria da classe dominante apoiou a ditadura.

Também obteve apoio da classe média urbana, que, por ser conservadora, ficava tranquila diante da repressão aos comunistas e era beneficiada com o aumento dos empregos.

O alto comando do Exército, por sua vez, participava das decisões governamentais nos conselhos técnicos e, por isso, sustentou a ditadura.

Por um lado, houve a desorganização das camadas populares em decorrência da repressão policial e do controle estatal dos sindicatos de trabalhadores, mas, por outro, as leis trabalhistas agradaram aos setores dos trabalhadores urbanos, que, por isso, apoiaram Vargas.

A propaganda nacional passou a ser controlada pelo Departamento de Imprensa e Propaganda (DIP).

Os partidos políticos foram extintos, impôs-se a censura à imprensa, o Congresso foi dissolvido e interventores estaduais foram nomeados.

No plano econômico, foi criada a Companhia Siderúrgica Nacional e iniciaram-se pesquisas para extração de petróleo em Lobato, na Bahia.

21. Como se chamou o período em que Getúlio Vargas governou o Brasil como ditador?

22. Por que a classe dominante apoiou a ditadura de Vargas?

23. Por que a classe média apoiou a ditadura de Vargas?

24. Por que setores do operariado apoiaram a ditadura de Vargas?

25. Havia liberdade sindical e política durante o Estado Novo? Por quê?

26. Em 1937, Getúlio Vargas outorgou uma nova Constituição para o Brasil, a qual legalizou _____ e centralizou _____.

27. No campo da economia, houve alguns destaques durante o Estado Novo. Cite duas medidas do governo nessa área.

A REDEMOCRATIZAÇÃO

A entrada do Brasil na Segunda Guerra Mundial criou uma situação contraditória: o país lutava no exterior contra o fascismo, enquanto se mantinha, internamente, num regime ditatorial inspirado nesse mesmo fascismo. As relações do governo com as Forças Armadas começaram a se deteriorar. As pressões externas, principalmente dos Estados Unidos, também contribuíram para o fim da ditadura.

Vargas prometeu eleições gerais, diminuiu a censura da imprensa e permitiu a organização de partidos políticos.

Surgiram então os seguintes partidos:
- **PSD (Partido Social Democrático)** - criado por Vargas, tinha sua base eleitoral na força dos interventores estaduais, nos industriais, nos banqueiros e na aristocracia rural.
- **UDN (União Democrática Nacional)** – congregava os opositores do regime getulista. Era também anticomunista e tinha como base eleitoral setores da classe média, empresários e certas camadas dos militares. Participavam desse partido Júlio Mesquita Filho, Assis Chateaubriand, Armando de Salles Oliveira e o brigadeiro Eduardo Gomes.
- **PTB (Partido Trabalhista Brasileiro)** - era liderado pela burocracia sindical, criada pelo regime do Estado Novo. Idealizado por Getúlio, tinha a finalidade de servir de anteparo entre os trabalhadores e o Partido Comunista.

Em 1945, as Forças Armadas, lideradas pelos generais Góis Monteiro e Eurico Gaspar Dutra, depuseram o ditador Getúlio Vargas, assumindo o governo José Linhares, presidente do Supremo Tribunal Federal.

28. Qual o fator externo que acelerou o processo de redemocratização no Brasil no fim do Estado Novo?

29. Quando Vargas permitiu a volta dos partidos políticos, quais os que se formaram no fim do Estado Novo?

30. Como terminou o Estado Novo?

31. Associe corretamente.

a) Constituição de 1934.
b) Revolução Constitucionalista de 1932.
c) Intentona Comunista de 1935.
d) Estado Novo.
e) Constituição de 1937.
f) Companhia Siderúrgica Nacional.
g) Segunda Guerra Mundial.

( ) Foi fundada na época do Estado Novo.

( ) Foi a mais liberal que o Brasil já teve.

( ) Foi outorgada, isto é, imposta pelo presidente ao país.

( ) Acelerou o fim do Estado Novo.

( ) Período de ditadura de Getúlio Vargas.

( ) Serviu de pretexto para um período de grande repressão política.

( ) Combatia o Governo Provisório de Getúlio Vargas.

Revisão

1. Como terminou o período chamado de República Velha no Brasil?

2. O estopim da Revolução de 1930 foi a indicação do paulista _____ para candidato à sucessão de _____.

3. O que foi a Aliança Liberal?

4. Quem passou a governar o Brasil após 1930?

5. Cite um fato do Governo Provisório de Getúlio Vargas.

6. Com Getúlio no poder, os paulistas se viram afastados do governo. Por isso reagiram, iniciando um movimento que ficou conhecido como:

( ) Revolução de 1930.

( ) Revolução Constitucionalista de 1932.

( ) Movimento pelas Diretas Já.

( ) Coluna Prestes.

7. NÃO foram características da Constituição de 1934:

( ) Mandato presidencial de quatro anos, sendo o primeiro presidente eleito por via indireta.

( ) Voto universal secreto, direito da mulher ao voto.

( ) Salário mínimo, jornada de oito horas de trabalho, descanso semanal e férias remuneradas.

( ) Proibição do trabalho de menores de 14 anos de idade, indenização por dispensas sem justa causa.

( ) União entre Estado e Igreja e Poder Moderador.

8. O período de governo em que Getúlio Vargas teve poderes ditatoriais é chamado de:

( ) Governo Provisório.

( ) República Velha.

( ) República da Espada.

( ) Estado Novo.

9. Complete com o que se pede sobre as facções políticas na década de 1930:

a) Era fascista, liderada por Plínio Salgado:

b) Era marxista, liderada por Luís Carlos Prestes:

10. Durante o período ditatorial de Getúlio Vargas, podemos destacar:

( ) A criação da Companhia Siderúrgica Nacional.

( ) O início das pesquisas de petróleo em Lobato, na Bahia.

( ) A extinção dos partidos políticos e a censura à imprensa.

( ) Todas as alternativas anteriores estão corretas.

11. Explique a relação entre a Segunda Guerra Mundial e o fim da ditadura de Vargas no Brasil.

4. A Segunda Guerra Mundial (1939-1945)

Vários fatores levaram o mundo a esse conflito mundial:

- a **Grande Depressão** que atingiu o mundo na década de 1930 e provocou crises gravíssimas em vários países;
- a **ineficiência da Sociedade das Nações**, formada logo após a Primeira Guerra Mundial, que não conseguiu impedir vários conflitos que marcaram a década de 1930;
- a **busca do espaço vital e o expansionismo alemão**.

A doutrina do espaço vital consistia, de um lado, na integração de populações alemãs que viviam na Áustria, na região dos Sudetos (antiga Tchecoslováquia) e em Dantzig, na Polônia, e, de outro, na conquista de regiões férteis e ricas em recursos minerais, necessárias ao desenvolvimento do país.

Em 1938, com o apoio de grande parte da população austríaca, Hitler incorporou a Áustria à Alemanha. Nesse mesmo ano, anexou a região dos Sudetos. A anexação foi reconhecida pela Inglaterra e pela França na Conferência de Munique. Em 1939, Hitler tomou toda a Tchecoslováquia (atualmente o território da República Tcheca e da Eslováquia). Em seguida, planejou a invasão do Corredor Polonês, faixa de terra que dava à Polônia acesso ao mar, pelo porto de Dantzig. Essa região já havia pertencido à Alemanha.

Em agosto de 1939, assinou com a União Soviética um Pacto de Não Agressão (20 de agosto de 1939).

Em 1º de setembro de 1939, Hitler invadiu a Polônia, provocando a reação da Inglaterra e da França, que abandonaram a política de apaziguamento e declararam guerra à Alemanha. Estava deflagrada a Segunda Guerra Mundial.

Cidade bombardeada durante a Segunda Guerra Mundial.

1. Quais foram os fatores que levaram à Segunda Guerra Mundial?

2. Explique no que consistia a doutrina do espaço vital.

3. Numere os fatos de acordo com a ordem cronológica:

( ) Hitler incorporou a Áustria à Alemanha.

( ) A Alemanha assinou com a União Soviética um Pacto de Não Agressão.

( ) Inglaterra e França reconheceram a anexação da Áustria e dos Sudetos, na Conferência de Munique.

( ) Inglaterra e França declararam guerra à Alemanha.

( ) Hitler tomou toda a Tchecoslováquia.

( ) Hitler invadiu a Polônia.

( ) Hitler anexou a região dos Sudetos.

A PRIMEIRA ETAPA DA SEGUNDA GUERRA MUNDIAL

Numa luta rápida, conhecida como guerra-relâmpago, a Alemanha invadiu e ocupou a Dinamarca, a Noruega, a Bélgica e a Holanda.

O norte da França foi invadido e ocupado pelos nazistas. Em junho de 1940, com a invasão de Paris, a França se rendeu. O governo francês fugiu para o sul do país, onde o marechal Pétain instalou um governo de colaboração com os alemães, o governo de Vichy.

Ainda em 1940, a Itália abandonou a neutralidade e aliou-se à Alemanha, formando o Eixo Roma-Berlim.

A Inglaterra sofreu bombardeios da aviação alemã, mas conseguiu resistir, graças ao uso de radares e à colaboração da população civil, e impedir a conquista de Londres pelos nazistas. O general De Gaulle, exilado nesse país, organizou a resistência francesa para libertar a França.

Após a invasão da Grécia, da Bulgária e da Iugoslávia, as tropas nazistas, em 1941, voltaram-se contra a União Soviética, rompendo o Pacto de Não Agressão. O inverno rigoroso, com temperaturas de 30 graus abaixo de zero, e a resistência do povo soviético obrigaram os alemães a recuar.

4. Numa _____, a Alemanha invadiu e ocupou a _____, a _____, a _____ e a _____. Em seguida, o _____ foi invadido e ocupado pelos nazistas e, em junho de 1940, houve a invasão de _____.

5. Qual foi a posição da Itália nos primeiros anos da Segunda Guerra Mundial?

6. Quem foi o general De Gaulle?

7. Qual país Hitler invadiu depois de conquistar a Grécia, a Bulgária e a Iugoslávia? Qual foi o resultado dessa invasão?

O JAPÃO E OS ESTADOS UNIDOS ENTRAM NA GUERRA

O Japão, em guerra com a China desde 1937, ocupou a Indochina, com o apoio alemão. Apreensivos com o avanço japonês na Ásia, os Estados Unidos suspenderam o comércio com esse país. O Japão decidiu entrar na guerra, formando-se o Eixo Roma-Berlim-Tóquio, em 1941.

Até 1941, os Estados Unidos haviam permanecido neutros, mas colaboravam com ingleses e franceses, fornecendo material bélico. No dia 7 de dezembro de 1941, o ataque japonês à base naval norte-americana em Pearl Harbor, no Havaí, levou os Estados Unidos a entrar na guerra contra o Eixo.

A partir de 1942, os aliados passaram a obter vitórias em várias frentes. Os norte-americanos obrigaram os japoneses a recuar e, no norte da África, as tropas inglesas venceram as alemãs. Na União Soviética, os alemães foram derrotados na Batalha de Stalingrado. Nesse mesmo ano, o Brasil declarou guerra ao Eixo, depois do afundamento de navios brasileiros por submarinos alemães.

Em 1943, os aliados desembarcaram na Sicília, e o rei Vítor Emanuel III destituiu Mussolini do cargo de primeiro-ministro. Ele refugiou-se no norte da Itália, onde resistiu até 1945.

Em 6 de junho de 1944, ocorreu o desembarque aliado na Normandia (Dia D), apoiado por 4 mil navios e 11 mil aviões. Ao mesmo tempo, os alemães abandonaram Paris. A França foi libertada do domínio nazista.

Em 2 de maio de 1945, os aliados chegaram a Berlim. Dias antes, Hitler havia se suicidado. No dia 8, a Alemanha se rendeu.

A guerra no Pacífico, entre os Estados Unidos e o Japão, durou até agosto, quando o presidente Truman tomou a decisão de lançar bombas atômicas nas cidades japonesas de **Hiroshima** e **Nagasaki**. O Japão se rendeu em 15 de agosto de 1945, terminando, assim, a Segunda Guerra Mundial.

OS ACORDOS DE PAZ

As potências aliadas estabeleceram acordos, alguns mesmo antes do término da guerra:

- **Conferência de Yalta:** realizada em fevereiro de 1945, reuniu o presidente Roosevelt, dos Estados Unidos, o primeiro-ministro Churchill, da Inglaterra, e o líder soviético Stalin.
- **Declaração de Potsdam:** a Alemanha e a capital Berlim foram divididas em quatro zonas de influência, entre russos, ingleses, franceses e norte-americanos.
- **Conferência de São Francisco:** nela foi criada a ONU, Organização das Nações Unidas, sediada em Nova York, com a finalidade de manter a paz e fortalecer os laços econômicos, políticos, sociais e culturais entre os povos.

8. Qual foi a posição do Japão na Segunda Guerra Mundial?

9. Qual foi a posição dos Estados Unidos na Segunda Guerra Mundial?

10. Associe corretamente.

a) Conferência de Yalta.
b) Declaração de Potsdam.
c) Conferência de São Francisco.

( ) Foi criada a ONU, Organização das Nações Unidas, sediada em Nova York.

( ) Reuniu o presidente Roosevelt, dos Estados Unidos, o primeiro-ministro Churchill, da Inglaterra, e o líder soviético Stalin.

( ) A Alemanha e a capital Berlim foram divididas em quatro zonas de influência, entre russos, ingleses, franceses e norte-americanos.

Revisão

1. A Inglaterra e a França só declararam guerra contra a Alemanha quando Hitler invadiu:

a) A Áustria. ( )

b) A região dos Sudetos. ( )

c) A Polônia. ( )

d) A União Soviética. ( )

2. Com a invasão da França e a ocupação de Paris pelos nazistas, formou-se no sul desse país um governo:

a) De resistência aos alemães, liderado por De Gaulle. ( )

b) De colaboração com os alemães, liderado pelo marechal Pétain. ( )

c) Alemão, sem a participação dos franceses. ( )

d) Inglês, para combater os alemães. ( )

3. Na Segunda Guerra Mundial, dois blocos se confrontavam. De um lado, os aliados, formados por _____, _____, _____ e _____.

De outro lado, os países do _____, que eram a _____, o _____ e a _____.

4. O resultado da invasão à União Soviética pelos nazistas foi:

a) Favorável à Alemanha, que derrotou os russos na Batalha de Stalingrado. ( )

b) Favorável aos russos, que tiveram como aliado o rigoroso inverno de 1941. ( )

c) Desfavorável aos Aliados, que foram derrotados quando tentaram ajudar os russos. ( )

d) A Alemanha nunca invadiu a União Soviética. ( )

5. Por que os Estados Unidos entraram na Segunda Guerra Mundial?

6. Por que o Brasil entrou na Segunda Guerra Mundial?

7. Qual é a finalidade da ONU?

Anotações

5. O mundo da Guerra Fria

Ao lançar as bombas atômicas sobre Hiroshima e Nagasaki, os Estados Unidos mostraram ao mundo, em especial à União Soviética, todo o seu poderio bélico. As relações entre as duas potências vencedoras da guerra ficaram bastante tensas, e elas passaram a disputar áreas de influência internacional.

Esse estado de tensão permanente, primeiro entre essas duas potências e, logo depois, entre os blocos encabeçados por elas, é chamado de Guerra Fria. Esse período estendeu-se até a década de 1980.

Durante o período da Guerra Fria, ocorreu a descolonização da Ásia e da África. O declínio dos países europeus depois da guerra e o avanço do nacionalismo estimularam os movimentos de libertação. Na Ásia, conseguiram sua independência a Índia, a Indonésia, a Indochina; na África, a Argélia, o Congo, Guiné-Bissau, Moçambique, Angola, entre outras colônias.

Ainda na Ásia, o comunismo avançou com a Revolução Socialista na China e também ocorreram dois grandes conflitos: a Guerra da Coreia e a Guerra do Vietnã.

Na América Latina, com o avanço do imperialismo norte-americano e a expansão das ideias socialistas, ocorreram revoluções e golpes, em que se confrontaram capitalistas e socialistas. Cuba foi o único país da América que conseguiu instaurar o socialismo.

1. O que foi a Guerra Fria?

2. Durante a Guerra Fria, quais os fatos marcantes na história da Ásia?

3. Cite alguns países da África que conseguiram sua independência no período da Guerra Fria.

4. Na América Latina, qual o único país que instaurou o socialismo?

AS DUAS POTÊNCIAS: OS ESTADOS UNIDOS

Em 1947, o presidente norte-americano Harry Truman fez um discurso no Congresso no qual anunciou diretrizes para a política externa. Esse seu pronunciamento ficou conhecido como **Doutrina Truman**, a qual estabelecia que, por causa da expansão do comunismo na Europa, era preciso uma política de auxílio a qualquer país que tivesse a sua integridade ameaçada, tanto interna quanto externamente.

Ainda no mesmo ano, seguindo as linhas estabelecidas pela Doutrina Truman, o secretário de Estado norte-americano George C. Marshall lançou um novo programa econômico, conhecido como **Plano Marshall**, que prometia ajuda financeira, militar e técnica aos países da Europa ocidental arrasados pela guerra, inclusive à Alemanha e à Itália. Posteriormente, o auxílio dos Estados Unidos foi dirigido aos países que conseguiram sua independência. O Japão, a China nacionalista e alguns estados da África também foram beneficiados com a ajuda norte-americana.

Em 1949, com o objetivo de proteger a Europa ocidental da expansão comunista, foi organizada uma aliança militar, a **Otan**, Organização do Tratado do Atlântico Norte. Sob a liderança dos Estados Unidos, era formada pelo Canadá, Reino Unido, França, Bélgica, Holanda, Luxemburgo, Dinamarca, Noruega, Islândia, Portugal e Itália. A Grécia e a Turquia entraram para a organização em 1952 e, posteriormente, a Alemanha Ocidental.

5. O que foi a Doutrina Truman?

6. O que foi o Plano Marshall?

7. O que era a Otan? Quais países a integravam?

9. O que foi o Comecon?

10. Como a União Soviética reagiu à criação da Otan?

AS DUAS POTÊNCIAS: A EXPANSÃO DA UNIÃO SOVIÉTICA

A Segunda Guerra Mundial também levou a União Soviética à condição de grande potência mundial. Contava com o apoio de vários países do Leste Europeu que viviam sob o regime socialista.

Em 1947, a União Soviética criou o **Kominform**, um organismo que reunia todos os partidos comunistas do Leste Europeu para uma ação conjunta, com o objetivo de expandir o socialismo. Em 1949, criou também o **Comecon** – Conselho de Assistência Mútua, com sede em Moscou, cujo objetivo era a ajuda mútua para o desenvolvimento dos países-membros.

Em maio de 1955, em resposta à criação da Otan, a União Soviética incentivou a formação de uma aliança militar entre os países do bloco comunista da Europa, que resultou no Tratado de Amizade, Cooperação e Assistência Mútua, mais conhecido como **Pacto de Varsóvia**.

8. O que foi o Kominform?

O BLOQUEIO DE BERLIM

Após a Segunda Guerra Mundial, em 1945, a Alemanha, derrotada, foi dividida em quatro zonas de ocupação: soviética, britânica, norte-americana e francesa.

Berlim, a antiga capital alemã, localizada na zona de ocupação soviética, também estava dividida: a parte ocidental, que correspondia a três quartos da cidade, estava nas mãos dos britânicos, dos franceses e dos norte-americanos.

Em 1948, Stalin determinou o bloqueio de Berlim Ocidental para tentar integrá-la ao lado oriental. No entanto, esse setor da cidade recebeu apoio e abastecimento, principalmente dos norte-americanos. Após quase um ano, os soviéticos suspenderam o bloqueio.

Em 1949, a Crise de Berlim, como passou a ser conhecida essa questão, resultou na divisão da Alemanha em dois países:

- **República Federal da Alemanha**, com capital em Bonn, sob o controle norte-americano;
- **República Democrática Alemã**, com capital em Berlim Oriental, sob o controle soviético.

Para separar fisicamente a cidade e evitar que refugiados passassem de Berlim Oriental para a parte ocidental, em 1961 o líder soviético Nikita Kruchev ordenou a construção do **Muro de Berlim**, separando centenas de famílias. Esse muro foi considerado um dos principais símbolos da Guerra Fria.

11. O que ocorreu com a Alemanha em 1945?

12. Como ficou a situação de Berlim após a Segunda Guerra Mundial?

13. Quais foram os países que surgiram da Alemanha depois da Segunda Guerra Mundial?

14. Qual era o principal símbolo da Guerra Fria?

Revisão

1. Podemos definir a Guerra Fria como:

a) O estado de tensão permanente entre Estados Unidos e União Soviética. ( )

b) Período em que ocorreram revoluções, golpes e guerras localizadas entre países dos dois blocos mundiais, o socialista e o capitalista. ( )

c) A etapa histórica que se inicia no fim da Segunda Guerra Mundial e se estende até a década de 1980. ( )

d) Todas as alternativas anteriores estão corretas. ( )

2. Durante a Guerra Fria, podemos destacar:

a) A independência de diversas colônias na Ásia. ( )

b) A independência de diversas colônias africanas. ( )

c) A Guerra da Coreia e a Guerra do Vietnã. ( )

d) Todas as alternativas anteriores estão corretas. ( )

3. Em 1949, a Crise de Berlim resultou na divisão da Alemanha em dois países: a _____, com capital em _____, sob o controle _____, e a _____, com capital em _____, sob o controle _____.

4. Por que o Muro de Berlim era considerado um símbolo da Guerra Fria?

Anotações

6. O Estado populista (1946-1964)

O populismo foi uma política de massas que buscava o apoio dos trabalhadores, possibilitando-lhes alguns ganhos, mas manipulando as suas aspirações. Garantia benefícios econômicos e sociais à medida que os interesses das classes dominantes eram atendidos.
Essa política caracterizou o período de 1946 a 1964 no Brasil.

1. O período de 1946 a 1964 no Brasil foi caracterizado por uma política que procurava se apoiar nos trabalhadores, mas para beneficiar as classes dominantes. Como se chamou essa política?

2. A política populista no Brasil caracterizou:

   (   ) O governo de Getúlio Vargas no período de 1930 a 1934.

   (   ) O governo de Getúlio Vargas no período de 1934 a 1937.

   (   ) O Estado Novo, de 1937 a 1945.

   (   ) O governo de Getúlio Vargas de 1950 a 1954.

O GOVERNO DUTRA (1946-1950)

A Assembleia Nacional Constituinte promulgou uma nova Constituição em 1946.
Foram instituídos:
- República presidencialista;
- Voto direto e universal;
- Três poderes: Legislativo, Executivo e Judiciário;
- Mandato presidencial de 5 anos; senadores: 3 por estado (mandato de 8 anos); deputados: proporcionais ao número de eleitores (mandato de 4 anos).

Manteve-se um Executivo forte e o corporativismo sindical.

Crescimento da dívida externa, devido à entrada do capital estrangeiro no país, principalmente o norte-americano, e de empresas estrangeiras, que passaram a concorrer com a produção nacional.

A partir de 1947, as importações passaram a ser controladas, permitindo-se apenas a entrada de produtos essenciais.

Com o chamado Plano Salte, o governo passou a aplicar recursos em saúde, alimentação, transporte e energia.

Política externa: aproximação com os Estados Unidos, alinhando-se o Brasil com o bloco capitalista, e rompimento de relações diplomáticas com a União Soviética. Como reflexo da Guerra Fria (conflito entre Estados Unidos, bloco capitalista, e União Soviética, bloco socialista), o PCB foi fechado e cassados os mandatos de seus parlamentares (1947).

3. Em 1946, foi promulgada uma nova Constituição para o Brasil. Cite algumas de suas características:

4. Do ponto de vista econômico, como se caracterizou o governo Dutra?

5. Como se caracterizou a política externa brasileira no governo Dutra?

6. Entende-se por Guerra Fria:

( ) Conflito entre países tropicais e países de clima frio.

( ) Conflito entre Estados Unidos (bloco capitalista) e União Soviética (bloco socialista).

( ) Conflito em que se desenvolveu grande tecnologia armamentista, com armas de metal.

( ) Conflito entre estados do Nordeste e estados do Sul do Brasil.

7. Como decorrência da _____, em 1947 o governo brasileiro fechou o _____ (Partido Comunista do Brasil) e cassou o _____ de seus parlamentares.

GETÚLIO: OUTRA VEZ NO PODER (1950-1954)

Apesar de sua deposição, Getúlio Vargas continuou tendo um grande prestígio. O apoio a Vargas era dado por setores nacionalistas das Forças Armadas, facções oligárquicas estaduais representadas no PSD, nova camada de tecnocratas do governo e massas urbanas.

Em 1950, Getúlio Vargas foi eleito para a Presidência da República, derrotando os candidatos da UDN (Eduardo Gomes) e do PSD (Cristiano Machado).

Em 1953: criação da Petrobras (monopólio da extração e da refinação do petróleo no Brasil). Essa medida gerou uma forte oposição ao seu governo, tanto por parte dos Estados Unidos quanto da UDN, cujo porta-voz era o jornalista Carlos Lacerda.

Em 5 de agosto de 1954, ocorre no Rio de Janeiro, na Rua Toneleiros, um atentado contra Lacerda, no qual é morto um dos seus acompanhantes, o major Rubens Florentino Vaz, sendo acusado do crime Gregório Fortunato, elemento da guarda pessoal de Vargas.

Após o crime da Rua Toneleiros, a situação torna-se insustentável para Vargas. Em 24 de agosto de 1954, o presidente suicida-se.

Com a morte de Getúlio, assumiu o poder o vice-presidente, João Café Filho. Durante seu mandato, realizaram-se as eleições para o novo período presidencial, saindo vitorioso o candidato do PSD, Juscelino Kubitschek de Oliveira.

Em novembro, Café Filho afastou-se do governo por motivos de saúde, assumindo, então, o presidente da Câmara dos Deputados, Carlos Luz.

Devido à derrota nas eleições presidenciais, alguns políticos udenistas passaram a advogar um golpe de Estado que impedisse a posse do candidato eleito.

O ministro da Guerra, Henrique Teixeira Lott, defendeu a ordem constitucional e depôs Carlos Luz do cargo de presidente do Senado. Em seu lugar assumiu Nereu Ramos, que permaneceu no poder até a posse de Juscelino, em 31 de janeiro de 1956.

8. Em 1945, Getúlio Vargas tinha sido deposto da Presidência da República. Entretanto, em 1950 ele voltou ao governo, desta vez eleito por voto direto. Por que isso ocorreu?

9. Durante seu governo populista, Getúlio Vargas tomou uma medida que desagradou tanto aos Estados Unidos quanto a forças políticas internas, representadas no partido UDN. Que medida foi essa?

10. Um outro fato desgastou enormemente a imagem do presidente Vargas, levando ao fim de seu governo. Que fato foi esse?

11. O que fez Getúlio Vargas mediante a grande oposição a seu governo, em 1954?

12. Quem assumiu o governo depois da morte de Getúlio?

13. Quando ocorreram novas eleições presidenciais após a morte de Vargas, quem foi eleito?

14. Coloque F para falso e V para verdadeiro.

( ) Quando Getúlio morreu, alguns setores udenistas passaram a defender um golpe de Estado.

( ) O ministro da Guerra, marechal Lott, defendeu a Constituição e garantiu a democracia no país.

( ) Antes de Juscelino Kubitschek assumir a Presidência, o Brasil foi governado por Café Filho, Carlos Luz e Nereu Ramos.

( ) Juscelino Kubitschek e Carlos Lacerda pertenciam ao mesmo partido político.

A POLÍTICA DESENVOLVIMENTISTA NOS ANOS JK (1956-1961)
Plano de Metas: investimentos em energia, transporte, alimentação, indústria de base e educação.
Entrada de capital estrangeiro,

importação de tecnologia, empréstimos no exterior. Grupos econômicos norte-americanos, europeus e japoneses instalaram indústrias no Brasil. As multinacionais aproveitavam a mão de obra abundante e a matéria-prima disponível, enviando os lucros para o país de origem.

Grande emissão monetária, o que levou a altas taxas inflacionárias.

Construídas a rodovia Belém-Brasília e as hidrelétricas de Furnas e de Três Marias.

Criou-se a Superintendência do Desenvolvimento do Nordeste (Sudene). A produção industrial cresceu cerca de 80%, destacando-se a indústria automobilística na região do ABC, no estado de São Paulo.

A industrialização ocasionou a migração em massa de nordestinos para o Sudeste e o Centro-Oeste. Com isso, ocorre o aumento da pobreza e da exclusão social, e surgem novos desequilíbrios sociais.

Transferência da capital federal para Brasília (idealizada por Lúcio Costa e Oscar Niemeyer). A inauguração oficial: 21 de abril de 1960.

Programa desenvolvimentista ("50 anos em 5"), inflacionário, e rompimento com o Fundo Monetário Internacional (FMI).

15. Coloque F para falso e V para verdadeiro: Foram características do governo JK (Juscelino Kubitschek), que presidiu o Brasil de 1956 a 1961:

( ) Controle do processo inflacionário e estabilização monetária.

( ) Grande crescimento industrial, destacando-se a indústria automobilística.

( ) Criação da Sudene, da rodovia Belém-Brasília e das hidrelétricas de Furnas e Três Marias.

( ) Transferência da capital federal para o Rio de Janeiro.

( ) Novos contratos de empréstimos com o Fundo Monetário Internacional (FMI).

( ) Programa desenvolvimentista, com o slogan "50 anos em 5".

16. Quem idealizou Brasília?

17. Comente uma consequência negativa da industrialização no período JK.

18. Um dos destaques do governo JK foi a elaboração do Plano de Metas. Esse plano tinha por objetivo grandes investimentos nas áreas de _____, _____, _____ e _____.

19. Quem foi eleito para suceder Juscelino? O que se destacou na sua votação?

20. Como estava a dívida externa do Brasil quando Jânio Quadros assumiu o governo?

21. Cite algumas medidas de Jânio Quadros quando foi presidente do Brasil.

22. Qual ato de Jânio Quadros passou a ser criticado pela direita?

O RÁPIDO GOVERNO DE JÂNIO QUADROS (1961)

Com a maior votação já dada a um candidato até então, foi eleito, para a sucessão de Juscelino, Jânio Quadros.

A dívida brasileira ultrapassava 2 bilhões de dólares e deveria ser paga no governo de Jânio, que iria até 1965.

Jânio tentou uma política externa independente e procurou combater a inflação, restringindo os créditos, congelando os salários e incentivando as exportações.

A condecoração com a Ordem do Cruzeiro do Sul do ministro das Relações Exteriores de Cuba, Ernesto Che Guevara, um dos líderes da Revolução Cubana, foi mais um dos motivos para a investida conservadora. Setores políticos de direita passaram a condenar o presidente, destacando-se Carlos Lacerda, governador do estado da Guanabara.

Jânio renunciou em 25 de agosto de 1961, alegando que "forças terríveis" o obrigavam a proceder dessa forma. Seu plano era ser reconduzido à Presidência pelo povo e governar com mais poderes. Entretanto, seu ato causou decepção ao país, e ele não conseguiu seu objetivo.

23. Como terminou o governo de Jânio Quadros?

24. Qual era a intenção de Jânio Quadros ao renunciar ao governo? Ele conseguiu atingir seu propósito?

O COLAPSO DO POPULISMO

Ameaça de guerra civil: após a renúncia de Jânio Quadros, os militares não aceitavam a posse do vice-presidente, João Goulart.

Campanha da Legalidade: o governador gaúcho Leonel Brizola exige o cumprimento da Constituição, a qual determinava que o vice-presidente, João Goulart, assumisse o cargo de presidente, que estava vacante.

As forças conservadoras implantaram o Parlamentarismo para diminuir o poder de Jango.

Em janeiro de 1963, João Goulart realizou um plebiscito, em força do qual o Brasil voltou a ter o regime presidencialista.

Jango aproximava-se gradualmente das correntes reformistas radicais (Leonel Brizola, Miguel Arraes e organizações nacionalistas de esquerda) e preparava um programa de reformas de base: reformas agrária, universitária, eleitoral e urbana; nacionalização das empresas estrangeiras e o controle do lucro remetido para o exterior.

Foi criado o Comando Geral dos Trabalhadores (CGT) e aprovada a lei que limitava a remessa de lucros para o exterior.

No comício de 13 de março de 1964, em frente à estação da Central do Brasil, no Rio de Janeiro, o presidente assinou publicamente dois decretos: a encampação de todas as refinarias particulares de petróleo e a criação da Supra (Superintendência da Reforma Agrária).

Os setores conservadores da Igreja e do empresariado reagiram contra Jango organizando a "Marcha da Família com Deus pela Liberdade".

Em 31 de março, um golpe militar pôs fim ao governo de Jango.

---

25. Após a renúncia de Jânio Quadros, o governo passou a ser exercido por:

( ) João Goulart.

( ) Marechal Castelo Branco.

( ) Leonel Brizola.

( ) Ranieri Mazzili.

26. O presidente que sucedeu Jânio Quadros governou inicialmente sob o regime:

( ) Monárquico.

( ) Presidencialista.

( ) Parlamentarista.

( ) Ditatorial.

27. Como se caracterizou o governo de João Goulart?

28. A reação conservadora contra o governo João Goulart tornou-se mais forte depois do comício de _____, em frente à estação da _____, no Rio de Janeiro. Nele o presidente assinou publicamente dois decretos:

29. Contra Jango, o empresariado e os setores conservadores da Igreja organizaram a _____.

30. Como terminou o governo de João Goulart?

O GOLPE DE 31 DE MARÇO DE 1964

Em 31 de março, os generais Olímpio Mourão Filho e Carlos Luís Guedes sublevaram suas tropas, recebendo o apoio do chefe do Estado-Maior do Exército, o marechal Castelo Branco, e do governador de Minas Gerais, Magalhães Pinto. Logo a seguir, quase todos os estados se aliaram ao golpe militar.

No dia seguinte, o presidente seguiu para o Rio Grande do Sul e, no dia 4 de abril, exilou-se no Uruguai. O Senado declarou a vacância do cargo presidencial e empossou o presidente da Câmara, Ranieri Mazzili.

31. O que aconteceu no dia 31 de março de 1964?

32. O que aconteceu com o presidente João Goulart, após o golpe de 1964?

33. Quem o Senado empossou como presidente do Brasil?

Revisão

1. Como se pode definir populismo?

2. Foi característica da Constituição promulgada no Brasil em 1946:

( ) Foi instituída a República parlamentarista.

( ) O voto era direto, mas proibido às mulheres.

( ) Mandato presidencial de cinco anos.

( ) Foi criado o cargo de primeiro-ministro.

3. No governo do presidente Dutra:

( ) Houve uma grande redução da dívida externa.

( ) As importações passaram a ser controladas, permitindo-se apenas a entrada de produtos essenciais.

( ) Foram feitas leis que proibiam a indústria nacional.

( ) O Brasil rompeu relações com os Estados Unidos.

4. O presidente Dutra foi sucedido por:

( ) Costa e Silva.

( ) João Goulart.

( ) Getúlio Vargas.

( ) Jânio Quadros.

5. Um dos destaques do governo populista de Getúlio Vargas foi:

( ) Criação da Petrobras.

( ) Fechamento dos partidos políticos.

( ) Leis trabalhistas.

( ) Censura à imprensa.

6. A campanha contra Getúlio Vargas, em 1954, foi liderada pelo jornalista _____, que era do partido UDN _____.

7. Como terminou o governo de Getúlio Vargas em 1954?

8. Cite quatro fatos que marcaram o governo de Juscelino Kubitschek.

9. Jânio Quadros, quando foi presidente do Brasil:

( ) Tentou uma política externa independente e procurou combater a inflação.

( ) Condecorou com a Ordem do Cruzeiro do Sul o ministro das Relações Exteriores de Cuba, Ernesto Che Guevara, um dos líderes da Revolução Cubana.

( ) Renunciou ao governo em 25 de agosto de 1961, alegando que "forças terríveis" o obrigavam a proceder dessa forma.

( ) Todas as alternativas anteriores estão corretas.

10. O governo de João Goulart terminou:

( ) Com sua renúncia, sob a alegação de que forças ocultas o pressionavam.

( ) Com sua deposição por um golpe militar em 31 de março de 1964.

( ) Com seu assassinato pelas forças da oposição.

( ) Com a eleição de Carlos Lacerda para sucedê-lo.

Anotações

7. Os governos militares (1964-1985)

Com o golpe de 1964, os militares instauraram no país uma ditadura militar que durou 21 anos. O regime militar caracterizou-se pelo centralismo político e um extremo autoritarismo.

O GOVERNO DE CASTELO BRANCO (1964-1967)

Assumiu o governo uma junta militar: o general Artur da Costa e Silva, o brigadeiro Correia de Melo e o almirante Augusto Rademaker.

O Ato Institucional nº 1 (AI-1) suspendeu garantias constitucionais e estabeleceu eleições indiretas; o Executivo passou a ter direito de cassar mandatos políticos e decretar estado de sítio, sem consultar o Congresso.

O Alto Comando das Forças Armadas indicou o marechal Humberto de Alencar Castelo Branco para assumir a Presidência da República (governou de 15 de abril de 1964 até 1967).

O AI-1 atingiu principalmente os líderes do regime deposto e as organizações que exigiam as reformas de base, como CGT (Comando Geral dos Trabalhadores), PUA (Pacto de Unidade e Ação) e Ligas Camponesas.

Foram instaurados inquéritos, seguidos de processos políticos, a cargo da Justiça Militar, e cassados os mandatos de vários políticos (Juscelino Kubitschek, Jânio Quadros, João Goulart, entre outros).

Fortalecimento do Executivo.

Doutrina da segurança do Estado (atuação do Serviço Nacional de Informações, SNI).

1965: o AI-2 permitiu a intervenção do governo nos estados e municípios e que o Executivo legislasse por meio de decretos-lei. Extinção dos partidos políticos, restando apenas dois: a Aliança Renovadora Nacional (Arena) e o Movimento Democrático Brasileiro (MDB).

Palácio Guanabara, no Rio de Janeiro, ocupado por tropas do Exército, em 1º de abril de 1964.

1. Depois do golpe de 31 de março de 1964, como o Brasil passou a ser governado?

2. O primeiro presidente militar após 1964 foi o marechal _____.

3. Quais foram os Atos Institucionais do primeiro governo militar após 1964? O que decidiram?

> De 1966 ao início de 1967, o Congresso Nacional permanece fechado.
> **Constituição de 1967:** amplos poderes ao Executivo; eleições indiretas, com voto nominal para presidente; diminuição da autonomia dos estados; enfraquecimento do Congresso e tribunal militar para julgar civis.
> **Política econômica de Castelo Branco:** controle da inflação, incentivo às exportações e busca de investimentos externos. Arrocho dos salários, aumento das tarifas públicas e diminuição dos gastos do Estado favoreceram a negociação com o Fundo Monetário Internacional (FMI), que concedeu empréstimos ao Brasil. Os Estados Unidos renegociaram a dívida externa brasileira, e instalaram-se várias empresas norte-americanas no país.

5. Em 1967, foi feita uma nova Constituição para o Brasil. Cite algumas características dessa Carta Magna.

4. No período da ditadura militar que se instalou no Brasil após 1964, existiam apenas dois partidos políticos. Quais eram eles?

66

6. Como se caracterizou a política econômica no governo de Castelo Branco?

> Fase do "endurecimento" do regime. No segundo semestre de 1969, a junta militar (que substituía Costa e Silva, que ficara doente) outorgou uma reforma da Constituição de 1967: reforça o poder do Executivo; mandato presidencial de cinco anos; mantidos todos os atos institucionais decretados depois de 1967; estabelecidos a pena de morte e o banimento do território nacional para os casos de subversão.
>
> O general Emílio Garrastazu Médici foi indicado para assumir a Presidência da República.

> **O GOVERNO DE COSTA E SILVA (1967-1969)**
>
> Contra o governo, forma-se uma Frente Ampla, com representantes do MDB, do governo deposto em 1964, políticos cassados, estudantes e trabalhadores. Exigia anistia geral, elaboração de uma Constituição democrática e restabelecimento das eleições diretas em todos os níveis.
>
> 1968: manifestações estudantis em diversas capitais e greves operárias, como a de Osasco, em São Paulo, e a de Contagem, em Minas Gerais.
>
> O Congresso Nacional foi outra vez fechado, e em 13 de dezembro de 1968 foi editado o **Ato Institucional nº 5**. Inúmeros mandatos foram cassados, o Congresso foi colocado em recesso, as garantias individuais foram suspensas.

7. Costa e Silva, ao assumir o governo, enfrentou a oposição da _____, com representantes do _____, do governo deposto em _____, políticos cassados, estudantes e trabalhadores. Esse movimento

8. Em 1968, ocorreram no país:

( ) Manifestações da direita contra o governo.

( ) Manifestações estudantis e greves de trabalhadores.

( ) Marcha da Família com Deus pela Liberdade.

( ) Manifestações dos militares contra Costa e Silva.

> da Fazenda. Houve aumento e diversificação das exportações, modernização do país, mas empobrecimento do povo e crescimento da dívida externa. No fim de 1973, o "milagre econômico" já começava a se esgotar.

9. No governo de Costa e Silva, foi editado o _____ e outorgada uma reforma da _____. Essa foi uma fase de _____ do regime.

10. Como foi eleito o presidente Emílio Garrastazu Médici?

> **O GOVERNO DE MÉDICI (1969-1974)**
> Presidente eleito indiretamente, ou seja, escolhido pelo Congresso Nacional. Implantação da censura prévia em livros e jornais, além da eleição dos governadores por via indireta.
> Diminuição dos poderes do Legislativo, que se limitava a ratificar as decisões do Executivo.
> Período em que se intensificam as perseguições políticas, torturas e mortes nos órgãos de repressão.
> Enfrentamento armado da oposição contra o regime: Ação Libertadora Nacional (ALN), liderada por Carlos Marighella; Vanguarda Popular Revolucionária (VPR), comandada por Carlos Lamarca; movimento guerrilheiro na região do Araguaia (sul do Pará) ligado ao Partido Comunista do Brasil (PC do B).
> Política econômica: crescimento conhecido como "milagre econômico", quando Delfim Neto era ministro

11. O que caracterizou o governo militar do general Médici?

( ) Implantação da censura prévia em livros e jornais.

( ) Diminuição dos poderes do Legislativo.

( ) Intensificação das perseguições políticas.

( ) Formação de grupos armados contra o regime.

( ) Todas as alternativas anteriores estão corretas.

68

12. O crescimento da economia na época de Médici, quando _____ era ministro da Fazenda, ficou conhecido como _____. Entretanto, esse crescimento já havia cessado por volta do ano de _____.

13. Complete o que se pede.

a) ALN era a sigla da _____. Seu líder era _____.

b) VPR era a sigla da _____. Seu líder era _____.

c) PC do B era a sigla do _____. Esse partido comandou um movimento _____ na região do _____.

O GOVERNO DE GEISEL (1974-1979)

Projeto de "distensão lenta, segura e gradual". Os empresários criticavam a intervenção do Estado na área econômica.

O governo militar continuava investindo em obras faraônicas: usina atômica de Angra dos Reis e as hidrelétricas de Itaipu e Tucuruí.

Nas eleições parlamentares de 1974, o MDB recebeu votação maciça. O presidente cassou mandatos e, em abril de 1977, fechou o Congresso por 15 dias.

Pacote de Abril: ampliou o mandato de presidente para seis anos e criou os senadores biônicos, ou seja, indicados pelo governo.

1978: a oposição se organiza. Muitos que antes apoiavam o regime, como Magalhães Pinto, Severo Gomes e Hugo Abreu, agora o criticavam. Greves e protestos se generalizam.

O GOVERNO DE FIGUEIREDO: DA "APERTURA" À ABERTURA POLÍTICA (1979-1985)

General João Batista Figueiredo: indicado por Geisel e eleito por via indireta.

Constituição reformada; extinção dos atos institucionais.

1979: anistia; greves operárias (ABC paulista, sob a liderança de Luiz Inácio Lula da Silva).

Arena e MDB foram extintos e novos partidos criados:

Partido Democrático Social (PDS), em substituição à Arena, que mantinha bancada majoritária no Congresso;

Partido do Movimento Democrático Brasileiro (PMDB);

Partido Democrático Trabalhista (PDT);
Partido Trabalhista Brasileiro (PTB); e
Partido dos Trabalhadores (PT).

1980: uma emenda constitucional restabeleceu eleições diretas para governadores.

15 de novembro de 1982: eleições diretas para governadores, senadores, deputados estaduais e federais, prefeitos e vereadores.

Renegociação da dívida externa com o FMI.

Janeiro de 1984: início da campanha pelas eleições diretas para presidente da República (Campanha das Diretas Já).

14. A redemocratização do Brasil começou aos poucos, ainda nos governos militares de _____ e _____.

15. Coloque F para falso e V para verdadeiro:

( ) No governo de Geisel, a oposição ao regime militar tornou-se mais organizada.

( ) O governo militar de Geisel não aceitou nenhuma oposição, sendo conhecido como um período de endurecimento do regime.

( ) Novos partidos políticos foram criados no governo de Figueiredo.

( ) Os atos institucionais foram extintos após a reforma da Constituição no governo de Figueiredo.

( ) Em 1982, finalmente ocorreram eleições diretas para presidente.

16. O que foi a Campanha das Diretas Já?

17. Quais foram os novos partidos políticos criados no final da ditadura militar no Brasil?

18. Numere a relação de presidentes militares de acordo com a ordem cronológica.

( ) General João Batista Figueiredo

( ) Marechal Humberto de Alencar Castelo Branco

( ) General Emílio Garrastazu Médici

( ) General Ernesto Geisel

( ) General Artur da Costa e Silva

19. Quantos anos o Brasil viveu sob a ditadura militar?

Revisão

1. Coloque F para falso e V para verdadeiro.

( ) Com o golpe de 1964, os militares instauraram no país uma ditadura militar que durou 21 anos.

( ) O regime militar caracterizou-se pelo centralismo político e um extremo autoritarismo.

( ) O primeiro presidente militar após 1964 foi o marechal Humberto de Alencar Castelo Branco.

( ) No período da ditadura militar, que se instalou no Brasil após 1964, existiam apenas quatro partidos políticos.

( ) Em 1967, foi feita uma nova Constituição para o Brasil, que estabeleceu o voto indireto para presidente e governadores.

2. Qual é o significado das siglas?

Arena:

MDB:

3. Associe corretamente.

a) Ato Institucional nº 1 (AI-1).
b) Ato Institucional nº 2 (AI-2).

71

( ) Permitiu a intervenção do governo nos estados e municípios e que o Executivo legislasse por meio de decretos-lei.

( ) Atingiu principalmente os líderes do regime deposto e as organizações que exigiam as reformas de base, como CGT (Comando Geral dos Trabalhadores), PUA (Pacto de Unidade e Ação) e Ligas Camponesas.

( ) Extinguiu os partidos políticos, restando apenas a Arena e o MDB.

4. A fase de maior endurecimento do regime militar ocorreu a partir de 1968, no governo de _____.

5. NÃO caracteriza o governo do presidente Emílio Garrastazu Médici:

( ) Fim da censura prévia em livros e jornais.

( ) Diminuição dos poderes do Legislativo.

( ) Intensificação das perseguições políticas.

( ) Formação de grupos armados contra o regime.

6. No governo de Médici, destacou-se como ministro da Fazenda Delfim Neto. O rápido crescimento econômico assinalado nessa época é chamado de:

( ) Encilhamento.
( ) Plano Real.
( ) Milagre econômico.
( ) AI-5.

7. O processo de redemocratização do Brasil se caracterizou por ter sido:

( ) Lento e gradual.

( ) Rápido e de uma só vez.

( ) Obtido por meio de um plebiscito.

( ) Alcançado por meio de uma revolução contra os militares.

8. Em _____ foi aprovada uma emenda constitucional que restabeleceu as _____ para governadores.

9. A Campanha das Diretas Já foi:

(   ) Um movimento iniciado em 1984, exigindo eleições diretas para presidente da República no Brasil.

(   ) Um movimento iniciado pelo Partido dos Trabalhadores, em 2002, contra Fernando Henrique Cardoso.

(   ) A ação do MDB contra a corrupção no governo dos militares.

(   ) A convocação de uma Assembleia Constituinte em 1986.

Anotações

8. O processo mundial de descolonização

A DESCOLONIZAÇÃO DA ÁSIA

Durante a Primeira Guerra Mundial, formaram-se, em regiões asiáticas, movimentos nacionalistas que propunham a libertação dos povos dominados por potências imperialistas europeias. Contudo, seus objetivos só se concretizaram após a Segunda Guerra.

A independência da Índia (1947)

Após a Primeira Guerra Mundial, na Índia, ganhou força o movimento nacionalista liderado por **Mahatma Gandhi** e **Nehru**.

A Índia era uma região bastante heterogênea, onde havia acentuadas diferenças sociais, falavam-se mais de 15 línguas, com centenas de dialetos e muitas religiões, sendo as predominantes o hinduísmo e o islamismo.

A maior figura da luta nacional indiana foi Gandhi, que pregava a resistência pacífica e recorria a jejuns, a marchas e à desobediência civil, ou seja, à recusa a pagar impostos e consumir produtos ingleses.

Ao final da Segunda Guerra Mundial, a Inglaterra aceitou a independência da Índia (1947), mas o país não permaneceu unificado. As rivalidades internas provocaram sua divisão em dois Estados soberanos:

- a **República União Indiana**, de maioria hinduísta;
- a **República do Paquistão** (dividido em Oriental e Ocidental), de maioria muçulmana.

Mais tarde, a ilha do Ceilão, situada ao sul da Índia, formou a **República do Sri Lanka**.

Em 1948, Gandhi foi assassinado.

Em 1971, o Paquistão Oriental separou-se do Ocidental, constituindo a **República de Bangladesh**.

Apesar das independências, a população de todas essas regiões continuou vivendo em condições miseráveis e ocorreram inúmeros conflitos políticos, religiosos e étnicos.

1. O que propunham os movimentos nacionalistas surgidos na Ásia durante a Primeira Guerra Mundial? Quando seus objetivos se concretizaram?

2. Quem liderava o movimento nacionalista na Índia? O que defendia esse movimento?

6. O que aconteceu com Gandhi?

3. Como se caracterizava a Índia na época de sua independência?

4. O que Gandhi pregava?

5. Quais os países que surgiram na região da Índia?

A INDEPENDÊNCIA DA INDOCHINA

A Indochina, situada no Sudeste Asiático, foi ocupada pelos franceses na segunda metade do século XIX. Compreendia as regiões do Vietnã, do Laos e do Camboja.

Quando, em 1940, a França foi ocupada pela Alemanha nazista, o Japão dominou a região. Formou-se um movimento nacionalista para lutar contra os invasores, denominado Vietminh (Liga Revolucionária para a Independência do Vietnã), liderado por Ho Chi Minh, um dirigente comunista.

Com a derrota do Japão na guerra, Ho Chi Minh proclamou a independência da República Democrática do Vietnã, com capital em Hanói (compreendendo a porção norte), mas os franceses não a reconheceram.

Em 1946, a França tentou restabelecer o controle sobre a região, o que levou a uma luta que durou até 1954, quando os franceses foram derrotados. Nesse mesmo ano, foi convocada a Conferência de Genebra para o restabelecimento da paz. Foi reconhecida a independência do Laos, do Camboja e do Vietnã. Também ficou decidida a divisão do Vietnã ao longo do paralelo 17, com o Norte governado por Ho Chi Minh e o Sul, com capital em Saigon, governado por Ngo

Dinh-Diem. A oposição armada dos comunistas do Norte ao governo do Sul levou à intervenção militar dos Estados Unidos e à Guerra do Vietnã.

7. A Indochina, situada no _____, foi ocupada pelos _____ na segunda metade do século XIX. Compreendia as regiões do _____, do _____ e do _____.

8. O que era o Vietminh? Quem o liderava?

9. Como ocorreu a independência da Indochina?

10. Como a Conferência de Genebra de 1954 dividiu o Vietnã? Quem eram os governantes?

11. Como começou a Guerra do Vietnã?

A DESCOLONIZAÇÃO DA ÁFRICA

Na metade da década de 1950, quando se iniciou o processo de descolonização, apenas eram independentes a Etiópia, a Libéria e a África do Sul. O primeiro país a conquistar a independência foi a Costa do Ouro, colônia inglesa, que passou a se chamar **Gana** (1957). A independência política da África não foi suficiente para acabar com a fome e os conflitos étnicos no continente.

A independência da Argélia

Na primeira década do século XIX, a Argélia, um país muçulmano localizado na África do Norte, foi conquistada pela França.

Em 1954, formou-se a Frente de Libertação Nacional (FLN), que iniciou a guerra da independência.

Em 1958, o general De Gaulle assumiu o governo da França e começou a negociar a independência da Argélia. Em março de 1962, a independência foi reconhecida e proclamada a **República Democrática da Argélia**.

A Guerra do Congo

O Congo, localizado na porção central do continente africano, foi ocupado pelos belgas no século XIX. Na década de 1950, projetou-se o líder nacionalista Patrice Lumumba, que passou a lutar pela libertação, desencadeando agressivas manifestações populares. Em 1960, muitos belgas abandonaram a região e a Bélgica concedeu independência ao Congo. Em 1971, o nome do país foi mudado para **Zaire**.

12. Na metade da década de 1950, quando se iniciou o processo de descolonização da África, apenas eram independentes a _____, a _____ e a _____.

O primeiro país a conquistar a independência foi a _____, colônia inglesa, que passou a se chamar _____ (1957).

13. O Congo, antiga colônia _____, destacou-se na década de 1950, quando começaram a ocorrer _____, lideradas pelo nacionalista _____. Em 1960, a _____ concedeu independência ao Congo. Em 1971, o nome do país foi mudado para _____.

14. Como se deu a independência da Argélia?

A INDEPENDÊNCIA DAS COLÔNIAS PORTUGUESAS

As colônias portuguesas da África – Guiné-Bissau, Moçambique, Angola e os arquipélagos de Cabo Verde e São Tomé e Príncipe – foram as que mais tardiamente conseguiram sua libertação. Somente na década de 1970 tiveram maior impulso as lutas pela independência.

Em **Guiné-Bissau**, a luta pela emancipação teve início em 1961. Em 1973, Luís Cabral assumiu o comando do movimento, proclamou a independência e presidiu o governo. O novo Estado foi imediatamente reconhecido pela Assembleia Geral da ONU. Em 1974, Portugal também reconheceu a independência de Guiné-Bissau e, no ano seguinte, a de Cabo Verde.

Em **Moçambique**, a Frente de Libertação de Moçambique iniciou, em 1964, um movimento armado contra o colonialismo português. Vários dos confrontos entre as duas forças terminaram com a derrota dos portugueses.

Em 1975, o governo democrático de Portugal reconheceu a independência da República Popular de Moçambique.

Em **Angola**, foi fundado o Movimento Popular pela Libertação de Angola (MPLA) que, em 1961, iniciou as lutas pela libertação. Após a queda do salazarismo em Portugal, foi assinado, em 1974, o Acordo de Alvor, que estabelecia a independência de Angola para o final do ano seguinte. Uma série de lutas entre os grupos rivais eclodiu no país. Somente em 1991 foi estabelecido um acordo de paz e as eleições foram convocadas.

O arquipélago de **São Tomé e Príncipe** conseguiu libertar-se do domínio português em 1975 e passou a ser governado por Manuel Pinto da Costa.

15. Quais eram as colônias portuguesas na África?

16. Como ocorreu a independência de Moçambique?

17. Como Angola se tornou independente?

A ÁFRICA DO SUL E O *APARTHEID*

Após 1920, a minoria branca da África do Sul, de origem inglesa e holandesa, promulgou uma série de leis com o objetivo de consolidar o seu poder sobre a maioria negra, cerca de 70% da população. A política de segregação racial recebeu a denominação de *apartheid* e foi oficializada em 1948. Houve a separação radical entre brancos e negros.

A oposição ao *apartheid* teve início na década de 1950, quando surgiu o CNA, Congresso Nacional Africano, uma organização negra que defendia a oposição pacífica ao regime de segregação.

Em 1960, o CNA foi considerado ilegal e em 1962, o seu líder, **Nelson Mandela**, preso e condenado à prisão perpétua.

Em 1989, no governo do presidente Frederik de Klerk, foram tomadas as primeiras medidas efetivas para a integração do negro na sociedade sul-africana. No ano seguinte, o CNA recuperou sua legalidade e Mandela foi libertado.

Em 1992, foi realizado um plebiscito só para a população branca, com o objetivo de se conhecer sua opinião sobre as reformas. O resultado foi que 69% manifestou-se a favor do fim do *apartheid*.

Em 1994, realizaram-se as eleições convocadas por De Klerk, as primeiras para um governo multirracial. Nelson Mandela foi eleito presidente, pondo fim ao domínio da minoria branca. Graças à política adotada, De Klerk e Mandela ganharam o Prêmio Nobel da Paz.

18. O que era o *apartheid*?

19. Como o *apartheid* terminou na África do Sul?

Revisão

1. Coloque **F** para falso e **V** para verdadeiro.

a) O movimento nacionalista na Índia defendia a autonomia política, a modernização do Estado, a igualdade política para todas as etnias, religiões e classes sociais. ( )

b) A Índia, antes da independência, era uma região muito homogênea, com nenhuma diferença social, onde se falava apenas uma língua. ( )

c) As religiões predominantes na Índia eram o hinduísmo e o islamismo. ( )

d) Gandhi pregava a resistência armada e uma revolução sangrenta para libertar a Índia dos ingleses. ( )

2. A Guerra do Vietnã começou quando uma potência mundial invadiu a península da Indochina, disposta a derrubar o governo comunista do Norte. Essa potência era:

a) França. ( )
b) Inglaterra. ( )
c) União Soviética. ( )
d) Estados Unidos. ( )

3. Entende-se por *apartheid*:

a) Política dos negros contra os brancos na África do Sul. ( )

b) Segregação racial implantada oficialmente na África do Sul até 1992. ( )

c) Organização secreta branca para extermínio dos negros na África do Sul. ( )

d) Política de exclusão social da África do mercado mundial. ( )

Anotações

9. Ásia: conflitos no século XX

A REVOLUÇÃO SOCIALISTA NA CHINA

Em 1905, Sun Yat-sen fundou o Kuomintang, ou Partido do Povo, de caráter nacionalista, que objetivava instalar uma República com voto universal, modernizar a China e distribuir terras aos camponeses.

Em 1921, foi fundado o Partido Comunista Chinês (PCC), que passou, em três anos, a contar com 200 mil filiados, em sua maioria trabalhadores das indústrias. Em 1924, o Partido Comunista aliou-se ao Kuomintang, com a finalidade de lutar contra os governos provinciais e a dominação estrangeira. Constituiu-se, assim, uma ampla frente formada pelas principais forças políticas que lutavam pela emancipação nacional.

Em 1925, com a morte de Sun Yat-sen, ele foi sucedido, à frente do Kuomintang, por Chiang Kai-shek que, em pouco tempo, rompeu a aliança com os comunistas. Preconizava uma república burguesa, que não mudaria as condições de vida dos camponeses. Em 1927, iniciou-se uma guerra civil, e Chiang Kai-shek, apoiado no Exército, nos comerciantes enriquecidos e em grandes proprietários rurais, atacou e perseguiu os comunistas.

Essa situação levou ao fortalecimento da ala mais radical do Partido Comunista, liderada por Mao Tsé-tung. Foram organizadas guerrilhas no campo e crescia o Exército Vermelho, formado por camponeses armados.

1. O que era o Kuomintang? Quem o fundou e qual o seu objetivo?

2. O que preconizava Chiang Kai-shek?

A GRANDE MARCHA

Em 1934, depois de sofrerem derrotas no sul do país, os comunistas, liderados por Mao Tsé-tung, iniciaram a chamada **Grande Marcha** em direção ao norte. Percorreram mais de 10 mil quilômetros, atravessando cadeias de montanhas, algumas delas com neve permanente, rios e várias províncias. A maior parte dos participantes morreu no caminho, mas outros camponeses os substituíram. Mesmo assim, chegaram ao norte com apenas 20 mil homens. Nessa região, organizaram um governo comunista.

Os comunistas, após anos de luta contra os japoneses, passaram a contar com um poderoso e disciplinado exército. Em 1945, teve início uma nova guerra civil, que se prolongou até 1949. Os nacionalistas foram derrotados, e Chiang Kai-shek fugiu para a ilha de Taiwan (Formosa), onde, apoiado pelos Estados Unidos, fundou a República Nacionalista da China. Os comunistas iniciaram a reconstrução do país e o estabelecimento de uma sociedade socialista. A situação era bastante difícil: no campo, não havia sementes estocadas e, nas cidades, alastrava-se a fome.

3. O que foi a Grande Marcha na China?

Cartaz chinês exaltando Mao Tsé-tung.

4. Em 1945, teve início na China uma nova guerra civil, que se prolongou até 1949. Como essa guerra terminou?

A IMPLANTAÇÃO DO SOCIALISMO

Mao Tsé-tung reafirmou seu propósito de instaurar uma nova democracia, mediante a aliança com o proletariado, os camponeses e as classes médias. Suas primeiras medidas visavam solucionar alguns dos problemas que afetavam o campo. Por uma lei assinada em 1950, as grandes propriedades foram repartidas entre os camponeses.

As escassas instalações industriais foram desapropriadas e passaram para o controle direto do Estado. Houve a nacionalização dos bancos, das estradas de ferro e de empresas de eletricidade, telefonia e água.

Nessa primeira etapa, o governo chinês contou com a colaboração da antiga União Soviética, de quem copiou o modelo de organização política e econômica. Após a morte de Stalin, em 1953, as relações entre os dois países esfriaram, chegando a uma total ruptura.

Em 1958, foi elaborado um novo plano econômico para a China, conhecido como o **Grande Salto para a Frente**. O objetivo desse plano era aumentar a produção, o que exigia grande empenho de toda a população.

Ocorreu a estatização da terra e formaram-se comunidades populares, as comunas, cada uma delas constituída de aproximadamente 5 mil famílias. Toda propriedade passou a ser coletiva: as casas, os instrumentos de trabalho, os móveis etc. Em troca, a administração da comuna oferecia gratuitamente refeitórios, escolas, tratamento de saúde.

Mas houve oposições a essa forma de organização. Os intelectuais insurgiram-se contra a doutrinação que era feita dentro das comunas. Os camponeses protestaram pelos seus lotes perdidos. As colheitas nem sempre eram boas, levando à fome e a revoltas. A crise agrária refletiu-se na indústria, e muitas empresas fecharam.

O fracasso do Grande Salto para a Frente gerou a necessidade de mudanças. Continuaram as divergências dentro do Partido Comunista em relação aos rumos que deveriam ser seguidos.

5. Com quais classes sociais Mao Tsé-tung pretendia se aliar para instaurar uma democracia na China?

6. Quais foram as primeiras medidas do governo de Mao Tsé-tung na China?

7. Qual foi o país que apoiou a Revolução Socialista na China?

8. O que foi o Grande Salto para a Frente?

83

A REVOLUÇÃO CULTURAL NA CHINA

A Revolução Cultural, iniciada em 1966, marcou significativamente os rumos da Revolução Chinesa. O fracasso do Grande Salto para a Frente provocou uma cisão dentro do Partido Comunista Chinês e o fortalecimento da oposição a Mao. Ele e seus seguidores reagiram e desencadearam a Revolução Cultural, um movimento de mobilização das massas. A juventude foi incentivada a lutar contra velhos hábitos, costumes e ideias. Os jovens, em todo o país, criaram a Jovem Guarda Vermelha.

Durante a Revolução Cultural, foi editado o famoso *Livro Vermelho*, que contém uma antologia das frases tiradas dos escritos de Mao Tsé-tung. Em todos os cantos da China, lia-se e comentava-se o pensamento do líder revolucionário.

Em 1970, a China reatou relações diplomáticas com os Estados Unidos e, no ano seguinte, foi permitido seu ingresso na ONU. A partir de 1973, alguns chineses passaram a acreditar que a Revolução Cultural não era um bom caminho para a rápida industrialização e o progresso do país.

Mao Tsé-tung morreu em 1976, e os moderados voltaram a ocupar o poder. Muitos elementos da ala radical foram expulsos do partido ou presos. Seu sucessor, Deng-Xiao-ping, representou o fim definitivo da Revolução Cultural. Deng adotou uma política econômica desenvolvimentista e permitiu a entrada de tecnologia e capital estrangeiros.

Em 1989, a China restabeleceu relações diplomáticas com a antiga União Soviética.

Com a abertura da economia, vários setores da população chinesa passaram a exigir maior liberdade. As manifestações populares da **Primavera de Pequim**, em abril de 1989, iniciadas por estudantes concentrados na Praça da Paz Celestial e que receberam adesão de trabalhadores, refletiam o desejo de que a liberalização da economia fosse seguida por reformas políticas. Mas o governo reagiu e a repressão foi violenta.

9. O que foi a Revolução Cultural na China? Como ficou o país com sua implementação?

10. Como ficou a China após a morte de Mao Tsé-tung?

11. Por que ocorreram as manifestações populares da Primavera de Pequim, em abril de 1989?

A GUERRA DA COREIA

A Coreia havia sido anexada pelo Japão no início do século XX. No fim da Segunda Guerra Mundial, com a derrota dos japoneses, a Coreia foi libertada pelos Aliados e dividida em duas zonas de ocupação por uma linha demarcatória, conhecida como paralelo 38. O setor sul ficou sob o controle dos norte-americanos, e o setor norte, dos soviéticos.

Em 1948, a Coreia foi fragmentada em duas nações: ao sul, a República da Coreia (Coreia do Sul) e, ao norte, a República Popular Democrática da Coreia (Coreia do Norte).

As tropas norte-americanas e soviéticas abandonaram a região, mas, logo em seguida, incidentes começaram a ocorrer ao longo do paralelo 38, porque os governos das novas nações queriam reunificar o país, mantendo-o sob seu controle.

Em junho de 1950, as tropas da Coreia do Norte invadiram, de surpresa, a Coreia do Sul, provocando imediata reação dos Estados Unidos, que enviaram tropas para a Coreia do Sul.

Em outubro desse mesmo ano, a China socialista envolveu-se na guerra, apoiando a Coreia do Norte. Apenas em junho de 1953 o conflito terminou, com o estabelecimento de um acordo de paz que também ratificou definitivamente a divisão da Coreia.

Enquanto a Coreia do Norte continuou aliada da União Soviética e da China, a Coreia do Sul transformou-se em ponto de interesse dos Estados Unidos no continente asiático, onde foram aplicados capitais e criou-se uma infraestrutura industrial.

12. Em 1948, a Coreia foi fragmentada em duas nações: ao sul, a _____ (_____) e, ao norte, a _____ (_____).

13. Como começou a Guerra da Coreia?

85

A GUERRA DO VIETNÃ

A região da Indochina, formada por Laos, Camboja e Vietnã, foi, desde 1860, domínio da França e, durante a Segunda Guerra Mundial, foi ocupada pelos japoneses. Em 1945, terminado o conflito mundial e com a rendição do Japão, o líder nacionalista Ho Chi Minh proclamou a independência do Vietnã e, progressivamente, foi vencendo os franceses.

Em 1954, o governo francês, para tentar restabelecer a paz, convocou a **Conferência de Genebra**, que decidiu a divisão do Vietnã, ao longo do paralelo 17, em Vietnã do Norte (comunista), com capital em Hanói e governado por Ho Chi Minh, e Vietnã do Sul (capitalista), com capital em Saigon, governado por Bao-Daï. Essa divisão seria temporária, sendo prevista a reunificação do país em 1956, com a realização de eleições.

O governo do Vietnã do Sul opôs-se às eleições e o presidente norte-americano Eisenhower apoiou a decisão. Contando com o apoio do Vietnã do Norte, sul--vietnamitas contrários a essa situação formaram um grupo guerrilheiro, o **Vietcongue**. Teve início uma luta que durou mais de 15 anos.

Os Estados Unidos enviaram mais de 500 mil soldados para o Vietnã do Sul. Entretanto, a pressão da opinião pública nacional e internacional levou, em 1968, à realização de convenções de paz entre os Estados Unidos e o Vietnã do Norte. Em janeiro de 1973, foi estabelecido um acordo de paz e começou a retirada das tropas norte--americanas da região. Em 1975, Saigon foi tomada pelos norte-vietnamitas e vietcongues, e seu nome foi mudado para Ho Chi Minh. Um ano depois, os dois Vietnãs uniram-se, formando a **República Socialista do Vietnã.**

14. O que foi a Guerra do Vietnã?

15. Como terminou a Guerra do Vietnã?

16. Como surgiu a República Socialista do Vietnã?

Revisão

1. Era o Partido do Povo na China, fundado por Sun Yat-sen:

a) PCC. ( )
b) Exército Vermelho. ( )
c) Kuomintang. ( )
d) Exército Cultural. ( )

2. No processo da Revolução Chinesa, destacou-se o líder do Partido Comunista:

a) Sun Yat-sen. ( )
b) Chiang Kai-shek. ( )
c) Mao Tsé-tung. ( )
d) Deng-Xiao-ping. ( )

3. Em 1934, depois de sofrerem derrotas no sul da China, os _____, liderados por Mao Tsé-tung, iniciaram a chamada _____ em direção ao norte.

4. Como surgiu a República Nacionalista da China?

5. Por que existem hoje duas Coreias, a do Norte e a do Sul?

6. A pressão da opinião pública nacional e internacional levou, em 1968, à realização de convenções de paz entre os países em guerra. Em janeiro de 1973, foi estabelecido um acordo de paz e começou a retirada das tropas norte-americanas da região. Estamos nos referindo:

   a) Ao fim da Guerra da Coreia. ( )

   b) Ao desenlace da Revolução Socialista na China. ( )

   c) A uma guerra entre Estados Unidos e União Soviética. ( )

   d) Ao fim da Guerra do Vietnã. ( )

7. Com a união dos dois Vietnãs, em 1976, surgiu a

Anotações

10. América Latina: conflitos no século XX

Durante a Primeira Guerra Mundial, como as nações fornecedoras de produtos industrializados estavam envolvidas no conflito, alguns países latino-americanos desenvolveram suas indústrias. Na década de 1950, Brasil, Argentina, Chile e México aceleraram o processo de industrialização. O capital estrangeiro, principalmente o norte-americano, tornou-se imprescindível para o desenvolvimento, mas aumentou a dívida externa, criando maior dependência em relação aos credores.

No período da Guerra Fria, muitas empresas norte-americanas estabeleceram-se em países da América Latina. Para evitar a expansão do socialismo no continente, os Estados Unidos fortaleceram sua ligação com os governos latino-americanos por meio de organizações de cooperação mútua. Em 1948, foi criada a Organização dos Estados Americanos (OEA), cujo objetivo era impedir a influência soviética no continente. Entretanto, a situação de pobreza em que o povo vivia, principalmente no campo, favoreceu a expansão da ideologia socialista. Formaram-se partidos de esquerda que foram combatidos com violência.

1. Qual foi o fator que levou alguns países latino-americanos a desenvolver suas indústrias no começo do século XX?

2. Quais foram os países que aceleraram o processo de industrialização no período da Primeira Guerra Mundial?

3. Qual foi o papel do capital estrangeiro nas economias latino-americanas no início do século XX?

4. O que levou ao crescimento das ideias socialistas nos países latino-americanos?

A REVOLUÇÃO MEXICANA

O México viveu uma longa ditadura com Porfírio Díaz, iniciada em 1876 e que se prolongou até 1911.

Em 1910, estourou uma revolução liderada por Francisco Madero, grande proprietário de terras, que conclamou o povo a lutar contra o regime ditatorial. Os camponeses, liderados por **Emiliano Zapata** e **Pancho Villa**, aderiram ao movimento, e Porfírio Díaz foi deposto e expulso do país.

Madero conseguiu eleger-se presidente da República, mas sofreu forte oposição dos latifundiários, das forças conservadoras do exército e da Igreja, todos apoiados pelos Estados Unidos. Os camponeses revoltaram-se porque o novo presidente era contrário à reforma agrária. Madero acabou sendo assassinado, e a revolução civil recomeçou. O governo norte-americano enviou tropas para combater Zapata e Villa.

Em 1917, foi promulgada nova Constituição, segundo a qual a influência da Igreja ficou limitada e o governo tinha o poder de confiscar terras para fazer a reforma agrária. Apesar disso, os camponeses continuaram lutando para conseguir suas terras de volta. Zapata e Villa foram assassinados, e a guerra civil chegou ao fim.

5. Qual era a situação do México no começo do século XX?

6. Como foi deposto o ditador Porfírio Díaz no México?

7. Como terminou a guerra civil no México?

A REVOLUÇÃO CUBANA

Na primeira metade do século XX, Cuba enfrentou governos ditatoriais, e sua economia era totalmente controlada pelos Estados Unidos.

Fulgêncio Batista, em 1952, deu um golpe de Estado, assumindo o poder como ditador. Em seu governo, predominou a corrupção. Em julho do ano seguinte, liderada pelo jovem advogado **Fidel Castro**, estourou uma rebelião nacionalista com maciça participação de estudantes universitários. Os revoltosos tentaram tomar o quartel de Moncada, na cidade de Santiago. O movimento foi sufocado. Muitos participantes morreram e outros foram presos. Em 1955, Batista anistiou os rebeldes que estavam presos e eles se refugiaram no México. Nesse país, os cubanos, liderados por Fidel Castro e com a adesão do médico argentino **Ernesto Che Guevara**, prepararam uma revolução.

Ao entrarem em Cuba, os revolucionários foram descobertos pelas tropas do governo. A maioria morreu e os 12 sobreviventes refugiaram-se nas montanhas de Sierra Maestra. Foram ganhando a adesão da população pobre e organizando as guerrilhas, que faziam ataques-relâmpago contra as forças do governo. No dia 26 de julho de 1959, os guerrilheiros entraram na capital, Havana, e derrubaram o governo de Fulgêncio Batista.

Quando Fidel Castro assumiu a chefia do governo, fez a reforma agrária, reduziu os aluguéis, fechou as casas de jogos e de prostituição, melhorou o ensino, investiu em saúde e estatizou empresas estrangeiras.

Os Estados Unidos deixaram de comprar o açúcar cubano, que era a maior fonte de divisas do país, e também interromperam a venda de produtos essenciais, como alimentos, remédios e petróleo.

Em 1961, o presidente dos Estados Unidos, John Kennedy, rompeu relações diplomáticas com Cuba e apoiou uma tentativa frustrada de derrubar Fidel Castro. Em seu discurso, após a vitória, Fidel declarou Cuba socialista. Foi o primeiro país americano a adotar esse regime de governo. No ano seguinte, por pressão do governo norte-americano, o país foi expulso da OEA.

Cuba aproximou-se da União Soviética, que passou a comprar o açúcar cubano, a fornecer petróleo e ajuda econômica. A tensão da Guerra Fria aumentou quando a União Soviética começou a instalar mísseis em Cuba, e os Estados Unidos ameaçaram usar a sua força nuclear para impedir. Os soviéticos recuaram e o governo norte-americano comprometeu-se a não invadir a ilha.

Para apoiar movimentos de esquerda em outros países, em 1967 Fidel Castro criou a Organização Latino-Americana de Solidariedade (Olas), com sede em Havana. Guevara ajudou a organizar a guerrilha na Bolívia, onde foi morto.

Em 1991, a queda do socialismo no Leste Europeu e a desintegração da

8. Qual era a situação de Cuba na primeira metade do século XX?

9. Quem liderou a Revolução Cubana?

União Soviética fizeram com que o governo de Fidel Castro ficasse sem apoio econômico, e o país passou a enfrentar uma grande crise.

10. Quais foram as medidas tomadas por Fidel Castro ao assumir a chefia do governo cubano?

11. Como os Estados Unidos reagiram à Revolução Cubana?

12. O que foi a crise dos mísseis em Cuba?

13. Por que Cuba passou a enfrentar uma crise econômica a partir de 1991?

O GOVERNO SOCIALISTA DO CHILE

Em 1970, o socialista **Salvador Allende** venceu as eleições para presidente. Contou com o apoio dos comunistas, socialistas e democratas. Deu início ao seu programa de reformas, a fim de tornar o Chile um país socialista.

Os Estados Unidos bloquearam o crédito ao Chile e apoiaram a reação contra o governo de Allende. Os industriais retiraram o dinheiro do país, e os comerciantes provocaram a escassez de produtos no mercado.

Ocorreram vários protestos e greves, e a imprensa desencadeou uma campanha de desmoralização do governo Allende.

Em 11 de setembro de 1973, com o apoio dos Estados Unidos, as Forças Armadas chilenas, lideradas pelo general Augusto Pinochet, organizaram um movimento para derrubar o presidente. Bombardearam o Palácio La Moneda, e Allende de acordo com a justiça chilena se suicidou.

O país começou a viver um período conturbado, com grande repressão. O novo governo foi formado por uma junta militar chefiada por Pinochet. Foram devolvidas as empresas nacionalizadas, e houve a permissão de entrada do capital estrangeiro.

Em 1988, pressionado pelas forças democráticas, Pinochet realizou um plebiscito para decidir sobre o seu direito de concorrer ao cargo de presidente na eleição seguinte. O "não" venceu, e a derrota de Pinochet foi festejada nas ruas. Os exilados chilenos começaram a voltar ao seu país. A oposição uniu-se em torno de um candidato único, Patrício Aylwin, que foi eleito em 1989. Mas Pinochet não abandonou o comando das Forças Armadas.

Pinochet permaneceu atuando na vida política do Chile, ocupando o cargo de senador vitalício. Em 1998, quando viajava pela Inglaterra, foi chamado pela Justiça da Espanha para responder pela morte de espanhóis no Chile, na época da ditadura. Os crimes da junta militar chilena voltaram a ser debatidos no mundo inteiro.

Em 2006, Michelle Bachelet, antiga presa e torturada pelo regime do ditador nos anos de 1970, foi eleita a primeira presidente mulher do Chile.

14. O que fez Allende quando assumiu o governo no Chile?

15. Qual foi a atitude dos Estados Unidos em relação ao Chile de Allende?

16. O que ocorreu no Chile após a morte de Allende?

17. Como o Chile se redemocratizou?

A REVOLUÇÃO SANDINISTA NA NICARÁGUA

Na década de 1930, a família Somoza passou a controlar o poder na Nicarágua, apoiada pelos conservadores e pelo governo dos Estados Unidos. Esse domínio durou 45 anos. Em 1936, Anastácio Somoza assumiu a Presidência de forma ditatorial, apropriando-se de grande parte das riquezas do país. Em 1956, foi assassinado, e seu filho, Anastácio Somoza Debayle, assumiu o poder.

Nos anos de 1960, a economia nicaraguense cresceu, mas as diferenças sociais acentuaram-se.

A oposição ao governo de Somoza aumentou. Grupos guerrilheiros, estudantes e intelectuais, alguns padres e elementos da burguesia passaram a exigir a redemocratização do país. Essa situação favoreceu a **Frente Sandinista de Libertação Nacional**, uma organização guerrilheira fundada em 1961 por intelectuais marxistas.

Em 1972, um terremoto devastou a Nicarágua, causando a morte de 10 mil pessoas. A ajuda externa às vítimas foi apropriada pelo ditador e a sua família. Esse fato provocou indignação geral. O governo perdeu o apoio até dos Estados Unidos, que passaram a exigir a abertura política.

Somoza resistia, mas o assassinato do jornalista Pedro Chamorro, proprietário de um jornal que se opunha ao governo, desencadeou a revolução. Os sandinistas ocuparam o palácio de Manágua, derrubando o governo de Somoza em 1979.

Com a realização das eleições, venceu Daniel Ortega, líder da Frente Sandinista. Ele deu início à reforma agrária, criou um exército popular, elaborou um programa de alfabetização em massa e melhorou a saúde.

Em 1990, Daniel Ortega convocou eleições, e a empresária oposicionista Violeta Chamorro saiu vitoriosa.

18. Como se caracterizou o domínio da família Somoza na Nicarágua?

19. Como foi a oposição ao poder da família Somoza na Nicarágua?

20. Qual foi o fato que serviu de estopim para a Revolução Sandinista na Nicarágua?

21. Quais foram as primeiras medidas do governo de Daniel Ortega na Nicarágua?

Revisão

1. Na história latino-americana do século XX, podemos destacar diversos conflitos, como: a Revolução _____, a Revolução _____, a queda do governo socialista de _____ no _____ e a Revolução da _____.

2. Para tentar impedir a influência soviética no continente americano, os Estados Unidos implementaram uma política da qual fez parte a criação:

a) Da OEA. ( )
b) Da Olas. ( )
c) Do Mercosul. ( )
d) Da Alalc. ( )

3. O que houve de comum entre os governos de Fidel Castro, em Cuba, de Allende, no Chile, e de Daniel Ortega, na Nicarágua?

95

11. Os conflitos no Oriente Médio e a crise do socialismo

O ORIENTE MÉDIO ATUAL

Fonte: IBGE. *Atlas geográfico escolar*. 2. ed. Rio de Janeiro: IBGE, 2004. p. 55.

O ESTADO DE ISRAEL E OS PALESTINOS

O Estado de Israel foi criado pela ONU em 1948, sob a soberania do povo judeu. Os palestinos, de origem árabe, que dominavam a região, rebelaram-se contra essa medida e iniciaram um ataque ao novo Estado, mas foram derrotados. Milhares de palestinos foram desalojados de suas terras e instalados em acampamentos provisórios, com a promessa de criação de um estado próprio. Desde essa época, as guerras entre árabes e judeus não cessaram.

Em 1956, com o apoio da Inglaterra e da França, Israel invadiu o Egito, que queria nacionalizar o canal de Suez. Em resposta, foi fundada a **Organização pela Libertação da Palestina (OLP)**, com o propósito de destruir o Estado de Israel e criar o Estado Palestino.

Em 1967, o Egito impôs um bloqueio marítimo a Israel. Em reação, os israelenses atacaram a península do Sinai e, em seguida, a Jordânia e a Síria. Em seis dias, Israel derrotou os árabes dessa região, daí a guerra ser conhecida como **Guerra dos Seis Dias**.

Diversas outras guerras vêm ocorrendo na região desde essa época.

1. O que é a OLP e qual a sua finalidade?

2. O que foi a Guerra dos Seis Dias?

A REVOLUÇÃO IRANIANA

Em 1979, no Irã, eclodiu uma revolução liderada pelos aiatolás (chefes religiosos), dentre os quais se destacou Khomeini, que derrubou o governo e instaurou a República Islâmica do Irã.

Sob o governo do aiatolá Khomeini, o país adotou o fundamentalismo islâmico, isto é, a valorização da doutrina do Islã, com um Estado autoritário e fechado, sem ligação com o Ocidente. Os Estados Unidos passaram a ser vistos como inimigos do mundo islâmico.

Nos anos de 1980, por questões territoriais, o governo de Khomeini entrou em choque com Saddam Hussein, ditador do Iraque. Os Estados Unidos e outros países ocidentais, interessados em conter a expansão do fundamentalismo islâmico e garantir o comércio do petróleo no golfo Pérsico, apoiaram o Iraque na guerra contra o Irã. Saddam Hussein saiu fortalecido entre os países árabes.

3. Como surgiu a República Islâmica do Irã?

4. O que foi a Guerra Irã-Iraque? Qual o seu resultado?

A GUERRA DO LÍBANO

O Líbano, país marcado por conflitos internos, principalmente entre cristãos e muçulmanos, viveu, em 1975, uma guerra civil que acabou envolvendo Israel e Síria. Dois grupos se enfrentaram nessa guerra: os muçulmanos reformistas e os guerrilheiros palestinos contra os muçulmanos moderados e os cristãos.

A Síria, sob o pretexto de que tinha de manter a paz na região, invadiu o Líbano. Em 1982, Israel ocupou o sul do país e, em seguida, tomou Beirute, exigindo a saída dos palestinos. A guerra devastou o Líbano. Vários acordos de paz foram tentados, sem resultado, e o projeto de reconstrução do país continuou prejudicado pelos conflitos internos.

5. Quais foram os grupos religiosos que se confrontaram no Líbano?

6. Quais foram os países que se envolveram na Guerra do Líbano?

7. Como começou a Guerra do Golfo?

8. Por que os Estados Unidos entraram na Guerra do Golfo? Qual foi a sua participação?

A GUERRA DO GOLFO

Desde a Guerra Irã-Iraque, o presidente Saddam Hussein impôs sua imagem de grande líder e protetor do Iraque. A Guerra do Golfo teve início em agosto de 1990, quando o Iraque, governado por Saddam Hussein, invadiu o Kuwait. O Iraque estava com sua economia abalada, mas dispunha de grande força militar. O governo desse país acusou o Kuwait de prejudicá-lo no comércio de petróleo, por causa do preço baixo, e exigiu uma indenização.

Saddam ordenou a invasão do Kuwait e apoderou-se das jazidas de petróleo. Com isso, vários países deixaram de receber esse produto, inclusive os Estados Unidos. Defendendo seus interesses, os norte-americanos, além de pressionarem o Iraque a desocupar o Kuwait, mandaram tropas para a Arábia Saudita, junto à fronteira do Iraque e do Kuwait.

A ONU condenou a invasão iraquiana e autorizou a ação militar de vários países contra o Iraque. Esse país foi atacado e, em seis semanas, saiu derrotado.

A CRISE DO MUNDO SOCIALISTA

Em abril de 1985, Mikhail Gorbachev assumiu o poder na União Soviética e lançou programas de reformas que provocaram transformações profundas no mundo socialista. Esses programas ficaram conhecidos pelos nomes de *glasnost*, que em russo significa "transparência", e *perestroika*, "reestruturação".

Glasnost foi a denominação que o próprio Gorbachev deu para a gradual abertura do regime político, com a diminuição da censura à imprensa e maior liberdade de expressão nas artes. Velhos políticos foram substituídos por reformistas, e alguns presos políticos ganharam liberdade.

Perestroika foi a denominação que recebeu o programa econômico que objetivava a reestruturação da economia do país, tornando-a mais dinâmica. A economia deixava de ser inteiramente controlada pelo Estado.

Os investimentos que a União Soviética fazia na produção de armamentos e na produção de equipamentos militares eram prejudiciais à economia do país, pois os capitais deixavam de ser aplicados em atividades produtivas e na modernização da tecnologia. Para resolver esse problema, Gorbachev aproximou-se dos Estados Unidos com o objetivo de diminuir o ritmo da corrida armamentista.

9. Como se chamaram os programas de reformas implantados na União Soviética?

10. Quais eram as principais características da *glasnost* na União Soviética?

11. O que caracterizou a *perestroika*?

99

A política de abertura da União Soviética, sua aproximação com o Ocidente e a maior liberdade econômica repercutiram nos países socialistas do Leste Europeu.

Na **Polônia**, verificou-se a primeira reação. Em decorrência do descontentamento que existia no país, em 1980, na cidade de Gdansk, foi fundado o sindicato **Solidariedade**, liderado por **Lech Walesa**, que reunia os trabalhadores de um estaleiro. O sindicato opôs-se ao governo e passou a exigir liberdade política. No ano seguinte, foi considerado ilegal, e seu líder foi preso. Em 1989, o sindicato voltou à legalidade, e em 1990 Lech Walesa foi eleito presidente. Pela primeira vez, um país do bloco socialista deixava de ser governado pelo Partido Comunista.

Depois da Polônia, os outros países do bloco socialista foram sofrendo mudanças internas, que resultaram no fim do domínio dos partidos comunistas: Hungria, Tchecoslováquia (que se dividiu em República Tcheca e Eslováquia), Bulgária, Albânia, Romênia.

12. Como surgiu o sindicato Solidariedade na Polônia? Qual era o seu líder?

13. Como Lech Walesa tornou-se presidente na Polônia?

Na **Alemanha Oriental**, em 1989, quando a Hungria abriu suas fronteiras com a Áustria, milhares de alemães orientais começaram a sair do país e, depois de um longo percurso, entraram na Alemanha Ocidental. Tiveram início várias manifestações para a abertura do regime e, em novembro do mesmo ano, manifestantes derrubaram o **Muro de Berlim**. Em 1990, foram realizadas eleições, com a participação de vários partidos políticos. As duas Alemanhas foram unificadas e Berlim voltou a ser a capital.

Na **Iugoslávia**, onde conviviam várias etnias e religiões (católica romana, católica ortodoxa e muçulmana), o fim do socialismo processou-se de forma violenta. Apesar do fato de vários povos viverem sob um mesmo governo socialista, comandado por Josep Broz Tito, sempre ocorreram manifestações nacionalistas. Em 1980, com a morte de Tito, intensificaram-se os confrontos populares.

A Iugoslávia era uma federação formada por seis repúblicas: Croácia,

Eslovênia, Sérvia, Bósnia, Macedônia e Montenegro. Em 1991, a Croácia e a Eslovênia proclamaram-se independentes. A Sérvia, que controlava o Estado e o exército, não aceitou essas independências e iniciou a guerra civil.

Em 1992, a Macedônia e a Bósnia-Herzegovina também se proclamaram independentes. Enquanto em várias repúblicas a situação permanecia relativamente tranquila, na Bósnia-Herzegovina a guerra explodiu de forma violenta, porque os sérvios que viviam nessa região queriam continuar ligados à Sérvia.

14. Cite os países do Leste Europeu nos quais os partidos comunistas perderam o poder nos anos de 1980 a 1990.

15. Como a Alemanha se reunificou?

O FIM DA UNIÃO SOVIÉTICA

O fim do bloco socialista na Europa Oriental e a política de abertura de Gorbachev provocaram a reação de políticos conservadores. Em agosto de 1991, deram um golpe de Estado, na tentativa de afastar Gorbachev da Presidência da União Soviética e anular suas medidas políticas. A resistência contou com a participação do povo e de muitos militares.

Em dezembro do mesmo ano, Boris Yeltsin, presidente da Rússia, e outros governantes das repúblicas soviéticas proclamaram o fim da União Soviética, criando em seu lugar a **Comunidade dos Estados Independentes (CEI)**. Gorbachev renunciou ao cargo de presidente da União Soviética, que já não existia mais.

NOVOS RUMOS DA ECONOMIA

Com o fim da União Soviética, os princípios do liberalismo ganharam mais força: a defesa da economia de mercado e a condenação de qualquer intervenção do Estado. Essa posição fez aumentar a competição econômica entre países e empresas e possibilitou a formação de blocos econômicos.

Atualmente, há uma tendência de unificação dos mercados, com a retirada do protecionismo alfandegário, o que facilita a circulação de produtos e capitais.

O século XXI inicia-se marcado pela chamada globalização, que significa a internacionalização da economia, impulsionada pela expansão do capital. Caracterizam essa nova realidade: a aceleração das transações econômicas e da circulação de capitais; a liberdade de circulação de bens; a expansão dos fluxos de informações; a crescente difusão de valores políticos e morais; o aumento do conhecimento e do saber.

Entretanto, nem todos os países são atingidos por esse processo. Muitos povos e etnias têm sido deixados de fora da globalização. Enquanto ocorre o enriquecimento dos países desenvolvidos, nos países mais pobres assiste-se a um aumento da dívida externa, o que aprofunda a crise econômica, o desemprego e a exclusão social. A ideologia neoliberal marca a globalização.

16. Como ocorreu o fim da União Soviética?

17. O que se entende por globalização?

18. Quais são as características da globalização?

19. A globalização tem beneficiado todos os países do mundo? Explique.

20. Qual é a ideologia que marca a globalização?

a) Khomeini e Saddam Hussein. ( )

b) George W. Bush e Saddam Hussein. ( )

c) Osama bin Laden e George W. Bush. ( )

d) Omar Kadaffi e Khomeini. ( )

3. Em agosto de 1990, quando o Iraque, governado por Saddam Hussein, invadiu o Kuwait, teve início a Guerra do Golfo. Como terminou essa guerra?

Revisão

1. Após a Segunda Guerra Mundial, o Oriente Médio tornou-se palco de vários conflitos entre _____ e _____, decorrentes da fundação do _____ em uma região dominada pelos _____.

2. Foram protagonistas da Guerra Irã-Iraque:

4. O mundo socialista começou a sofrer transformações políticas e econômicas quando _____ assumiu o poder na _____.

5. Associe corretamente.

a) *Glasnost.*
b) *Perestroika.*
c) Lech Walesa.

( ) É a denominação empregada para a gradual abertura do regime político soviético.

( ) Fundou o sindicato Solidariedade.

( ) Em russo significa "reestruturação".

( ) Foi o primeiro presidente não comunista da Polônia.

( ) Em russo significa "transparência".

( ) Denominação que recebeu o programa econômico que objetivava a reestruturação da economia da União Soviética, tornando-a mais dinâmica.

6. São características do início do século XXI, no campo da política e da economia:

a) O crescimento do socialismo e a estatização das economias. ( )

b) O avanço do liberalismo clássico e a instalação do capitalismo. ( )

c) O fim do capitalismo e a coletivização da economia. ( )

d) O fortalecimento do neoliberalismo e o avanço da globalização. ( )

Anotações

12. Da abertura política ao governo Dilma

Em janeiro de 1984, mais de 100 mil pessoas foram à Praça da Sé, em São Paulo, para bradar por democracia. Nas semanas seguintes, em várias cidades brasileiras, esse fenômeno se repetiu, mobilizando diversos setores da sociedade. Mesmo assim, coube ao Colégio Eleitoral eleger o substituto de Figueiredo.

A ELEIÇÃO DE TANCREDO NEVES

O Partido Democrático Social (PDS) lançou a candidatura de Paulo Maluf. Houve discordância da ala mais liberal (Marcos Maciel, José Sarney e Aureliano Chaves) com isso, fundaram o Partido da Frente Liberal (PFL).

O PMDB lançou a candidatura de Tancredo Neves e recebeu o apoio do PFL, formando a Aliança Democrática. O PFL, por meio de um acordo político, lançou o nome de José Sarney para vice-presidente. Por considerarem os candidatos ilegítimos, o Partido dos Trabalhadores e o Partido Comunista do Brasil se negaram a participar das eleições.

Em 15 de novembro de 1985, o Colégio Eleitoral elegeu Tancredo Neves presidente do Brasil, encerrando o período da ditadura militar.

Na noite anterior à posse do novo presidente, 14 de março, Tancredo, muito doente, foi internado no Hospital de Base de Brasília, vindo a falecer no dia 21 de abril, sem tomar posse.

José Sarney, o vice, assumiu a Presidência da República, dando início a uma fase denominada **Nova República**.

O GOVERNO DE SARNEY (1985-1990)

Emendas constitucionais: eleições diretas para presidente e para prefeitos das capitais e das áreas de segurança nacional; mandato de cinco anos para presidente; direito de voto aos analfabetos; liberdade de criação de partidos políticos; representação política para o Distrito Federal.

---

1. A redemocratização do Brasil ocorreu com a eleição indireta de _____ para a Presidência. Entretanto, ele _____ antes de assumir o governo, e quem assumiu o poder foi seu vice, _____. Essa nova fase política no Brasil é chamada de _____.

2. Destaque alguns fatos do governo Sarney.

A CONSTITUIÇÃO DE 1988

Promulgada em 5 de outubro de 1988, devolveu ao país a democracia.

Novos direitos trabalhistas: extensão da licença-maternidade para 120 dias e criação da licença-paternidade, de 5 dias; redução da jornada de trabalho de 48 horas semanais para 44 horas; liberdade sindical; abono de férias de um terço do salário e 13º salário para os aposentados.

A censura foi abolida.

O direito de voto foi estendido aos analfabetos e tornou-se facultativo entre 16 e 18 anos.

Eleições em dois turnos para os cargos de presidente, governador e prefeitos das cidades com mais de 200 mil eleitores, caso o candidato vencedor não ultrapassasse 50% dos votos.

Mandato presidencial reduzido para quatro anos.

Aprovado o divórcio e estabelecidos os direitos da criança e do adolescente.

A prática do racismo passou a ser crime inafiançável, sujeito à pena de reclusão.

Os indígenas tiveram o reconhecimento de sua cultura, e ficaram a cargo da União a demarcação de terras, a proteção e a preservação de suas riquezas.

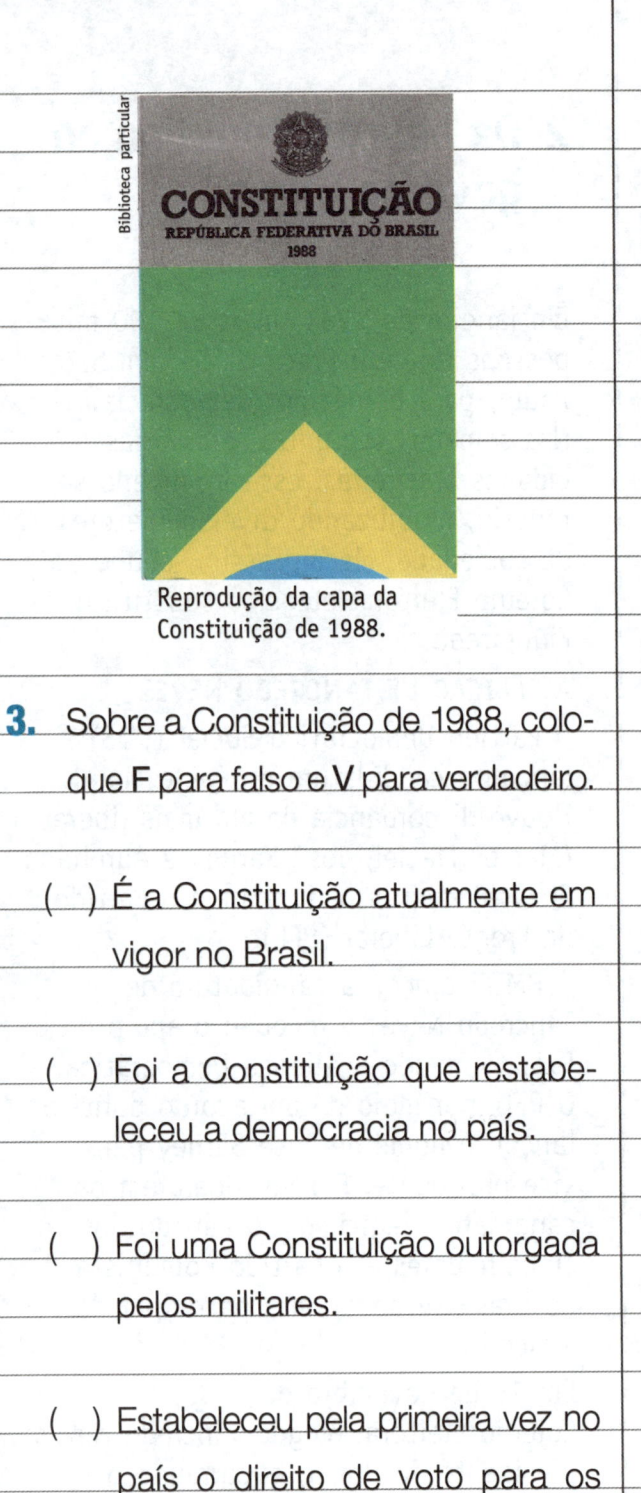

Reprodução da capa da Constituição de 1988.

3. Sobre a Constituição de 1988, coloque F para falso e V para verdadeiro.

(   ) É a Constituição atualmente em vigor no Brasil.

(   ) Foi a Constituição que restabeleceu a democracia no país.

(   ) Foi uma Constituição outorgada pelos militares.

(   ) Estabeleceu pela primeira vez no país o direito de voto para os analfabetos.

(   ) Reduziu os direitos trabalhistas.

(   ) Aprovou a eleição em dois turnos.

( ) É vista como uma Constituição racista, por considerar crime a discriminação contra negros e indígenas.

4. Quais as novidades estabelecidas na Constituição de 1988 em relação aos negros?

5. O que estabeleceu a Constituição de 1988 em relação aos povos indígenas?

OS PLANOS DE ESTABILIZAÇÃO ECONÔMICA

Crise inflacionária no país (índices de 25% ao mês).

Plano Cruzado (ministro da Fazenda Dílson Funaro), 1986: substituiu o cruzeiro por uma nova moeda, o cruzado, que valia mil cruzeiros; congelamento dos preços e dos salários; tabelamento de vários produtos. O plano acabou fracassando, e a inflação voltou a subir.

Plano Bresser (ministro Luís Carlos Bresser Pereira): desvalorização da moeda e congelamento dos preços por 90 dias. Como não houve resultados positivos, o ministro pediu demissão.

Plano Verão (ministro Maílson da Nóbrega), 1989: a moeda passou a se chamar cruzado novo, que valia mil cruzados; congelamento de preços e salários. Esse plano também não funcionou, e a inflação voltou a subir.

Com o crescimento das dívidas externa e interna, o país ficou desacreditado no exterior, diminuindo os investimentos estrangeiros.

Os altos índices de inflação, as denúncias de corrupção no governo, as constantes greves, o assassinato de trabalhadores rurais e o aumento da criminalidade enfraqueceram o governo e fortaleceram a oposição.

Após 29 anos, em 1989, foram realizadas as eleições presidenciais diretas. Vitoriosos no primeiro turno: Fernando Collor de Mello, do Partido da Reconstrução Nacional (PRN), e Luiz Inácio Lula da Silva, do Partido dos Trabalhadores.

A campanha política de Collor voltou-se para a "caça aos marajás". Com grande apoio da imprensa, principalmente de redes de televisão, Collor venceu as eleições no segundo turno.

---

6. Associe corretamente.

a) Plano Cruzado.

b) Plano Bresser.

c) Plano Verão.

(   ) A moeda passou a se chamar cruzado novo, que valia mil cruzados.

(   ) Ministro da Fazenda Dílson Funaro.

(   ) Ministro Maílson da Nóbrega.

(   ) Ministro Luís Carlos Bresser Pereira.

(   ) Substituiu o cruzeiro por uma nova moeda, o cruzado, que valia mil cruzeiros.

(   ) Desvalorização da moeda e congelamento dos preços por 90 dias.

O GOVERNO DE COLLOR (1990-1992)

Novo plano econômico (**Plano Collor**, pela ministra Zélia Cardoso de Melo): a moeda voltou a ser o cruzeiro, os preços e os salários foram congelados, as contas-correntes bancárias e cadernetas de poupança com saldo superior a 50 mil cruzeiros foram bloqueadas por 18 meses. Nos primeiros meses, a inflação foi baixa, mas voltou a subir.

Denúncias de corrupção de pessoas ligadas ao governo (Paulo César Farias, tesoureiro da campanha eleitoral). Pedro Collor, irmão do presidente, acusou Paulo César de manter um esquema de corrupção, no qual também estava envolvido o presidente.

Movimento pela Ética na Política, que forçou os políticos a instaurar uma Comissão Parlamentar de Inquérito (CPI) para apurar os fatos contra o presidente.

Pelos resultados da CPI, a Ordem dos Advogados do Brasil (OAB) entrou com um pedido de *impeachment* do presidente. Manifestações populares exigem o afastamento de Collor. A Câmara autorizou a abertura de um processo contra Collor. Ele foi afastado do cargo, e assumiu o vice, Itamar Franco.

Em 29 de dezembro, o Senado reuniu-se para julgar o presidente, que, informado de sua não absolvição, renunciou.

O GOVERNO DE ITAMAR FRANCO (1992-1995)

Plano Real (ministro Fernando Henrique Cardoso), 1993: nova moeda, cruzeiro real, que mais tarde foi substituída por outra, o real. Aumento do poder aquisitivo quando os salários deixaram de ser corroídos pela inflação.

Fernando Henrique deixou o Ministério da Fazenda para concorrer às eleições presidenciais de 3 de outubro de 1994 e venceu as eleições ainda no primeiro turno.

7. O início do governo Collor foi marcado por um plano econômico criado pela ministra Zélia Cardoso de Melo. Quais as medidas desse plano?

8. O pedido de *impeachment* do presidente Collor aconteceu em decorrência de:

( ) Denúncias de corrupção de pessoas ligadas ao governo.

( ) Um esquema de corrupção, no qual também estava envolvido o presidente.

( ) Movimento pela Ética na Política, que forçou os políticos a instaurar uma Comissão Parlamentar de Inquérito (CPI) para apurar os fatos contra o presidente.

( ) Todas as alternativas anteriores estão corretas.

9. Como terminou o governo de Collor?

10. Quem foi o ministro que implantou o Plano Real no Brasil?

( ) Zélia Cardoso de Melo.

( ) Itamar Franco.

( ) Paulo Farias.

( ) Fernando Henrique Cardoso.

11. Quais foram as moedas criadas pelo Plano Real?

12. Quem venceu as eleições para suceder Itamar Franco na Presidência do Brasil?

O GOVERNO DE FERNANDO HENRIQUE CARDOSO (1995-1999)

Para a modernização do Estado brasileiro e integração do país no mercado mundial, o governo de FHC se pautou na metodologia proposta no Consenso de Washington, encontro patrocinado pelo Banco Mundial (FMI-BID) entre os países latino-americanos e os Estados Unidos.

Metas do governo FHC:

– estabilidade da moeda;

– racionalização da arrecadação de impostos;

– contenção e corte das despesas públicas, privatização das empresas estatais. O enxugamento da máquina estatal implicou corte de pessoal e incentivo a demissões voluntárias;

– redistribuição de renda;

– reforma agrária.

Para atrair o investimento externo, o governo manteve a estabilidade do real e elevou os juros. Com essa medida, controlou o consumo, afastando o perigo da inflação; incentivou as indústrias de bens de consumo duráveis, principalmente a automobilística; reduziu os investimentos públicos; abriu o mercado brasileiro às importações; reduziu os investimentos na agricultura, uma vez que a moeda forte poderia adquirir produtos de outros países.

A estabilidade do real, nos primeiros anos de governo, garantiu melhores condições de vida às camadas sociais mais baixas da população, mas, com o tempo, os efeitos negativos da política econômica começaram a aparecer (queda na produção da indústria nacional, falência de pequenas e médias empresas; falência de agricultores e miséria de camponeses, crescimento do desemprego). Surge o Movimento dos Trabalhadores Sem-Terra (MST).

Início das privatizações, com a venda de estatais: Companhia Vale do Rio Doce (estatal de minérios, uma das maiores do mundo), Eletrobrás, o sistema Telebrás de telefonia, algumas rodovias e ferrovias.

A Emenda Constitucional de 1997 permitiu a reeleição dos executivos, em todos os níveis: municipal, estadual e federal. Em 1998, Fernando Henrique Cardoso foi reeleito.

13. No início de seu governo, FHC estabeleceu algumas metas. Marque abaixo o que NÃO estava entre essas metas:

( ) Estabilidade da moeda.

( ) Contenção e corte das despesas públicas.

( ) Estatização das empresas estrangeiras.

( ) Redistribuição de renda.

( ) Reforma agrária.

14. Para atrair o investimento externo, o governo FHC manteve a estabilidade do real e elevou os juros. Quais foram as consequências dessa medida?

15. Cite algumas estatais vendidas no primeiro governo de FHC.

16. Por que FHC pôde candidatar-se novamente à presidente da República, mesmo ainda ocupando o cargo?

O SEGUNDO MANDATO PRESIDENCIAL DE FHC (1999-2002)

A crise internacional afetou a economia de todos os países.

Com o real desvalorizado em 8,26%, o custo de vida subiu, a dívida aumentou, os investimentos foram reduzidos. O governo recebeu socorro do FMI, que, em contrapartida, exigiu a aceleração das reformas (reforma previdenciária, tributária), investimento social e a continuidade das privatizações.

Passeata dos 100 mil, agosto de 1999: MST, sindicatos, UNE (União Nacional dos Estudantes) e partidos políticos de oposição protestam contra o governo.

Plano Plurianual de Desenvolvimento: ajuste fiscal, elevação das exportações de 50 bilhões de dólares para 100 bilhões, até o final do governo; parceria com a iniciativa privada para investimentos em infraestrutura social.

A REFORMA AGRÁRIA E O MOVIMENTO DOS TRABALHADORES RURAIS SEM-TERRA

O MST (1984) é um movimento organizado que reivindica a reforma agrária e defende o uso da terra na sua função social, econômica e ecológica.

A causa dos trabalhadores sem-terra é apoiada por sindicatos, Organizações Não Governamentais (ONGs) e partidos políticos, e suas manifestações são bem recebidas pelo povo. Durante o governo FHC mais de 540 mil famílias foram assentadas, de acordo com dados do Incra.

O GOVERNO FHC E A EDUCAÇÃO

Os programas de governo, desde 1994, incentivaram o acesso ao Ensino Fundamental e a melhoria da qualidade do atendimento escolar, a fim de garantir que as crianças e os adolescentes tivessem oportunidade de completá-lo.

O Ensino Superior não obteve especial atenção do governo, como demonstrou a greve dos professores e funcionários, em 2001.

O GOVERNO FHC E A SAÚDE

Em 1996, foi criada a Contribuição Provisória sobre a Movimentação Financeira (CPMF), para gerar recursos a serem aplicados na saúde, que teve seu valor elevado em 1997. Dos recursos, o governo propôs o tratamento e a prevenção da Aids, a vacinação em massa dos idosos contra a gripe etc. Outras medidas foram aumentar a fiscalização sobre medicamentos, e a produção de medicamentos genéricos.

17. Em agosto de 1999, uma passeata protestou contra o governo de Fernando Henrique Cardoso. Como se chamou essa passeata e quem participou dela?

18. O que é MST?

19. No campo da saúde, cite algumas medidas do governo FHC.

20. Para a modernização do Estado brasileiro e a integração do país no mercado mundial, o governo de FHC seguiu as decisões de um encontro patrocinado pelo Banco Mundial (FMI-BID) entre os países latino-americanos e os Estados Unidos. Esse encontro foi chamado _____.

EMENDAS FEITAS EM 1997 À CONSTITUIÇÃO DE 1988

- Quebra do monopólio estatal nos serviços das telecomunicações, possibilitando sua concessão à iniciativa privada.
- Flexibilização do monopólio estatal do petróleo.
- Permissão a qualquer empresa, constituída sob leis brasileiras, de realizar pesquisas e lavras de recursos nacionais.
- Reforma da Previdência, o que aboliu a aposentadoria por tempo

de serviço e as aposentadorias especiais, instituindo a aposentadoria por idade e tempo de contribuição. A idade para o homem se aposentar foi fixada em 65 anos e para a mulher, em 60 anos. Para o trabalhador rural há uma redução de cinco anos.

- O estatuto do funcionário público também sofreu alterações, como a quebra da estabilidade.

O GOVERNO FHC E O MERCOSUL

Mercado Comum do Cone Sul (Mercosul): estratégia de integração econômica dos países platinos da América do Sul.

Em março de 1991, os presidentes do Brasil, da Argentina, do Uruguai e do Paraguai assinaram o Tratado de Assunção, a fim de consolidar uma união aduaneira e uma área de livre-mercado que abrangesse os quatro países-membros, dando origem ao Mercado Comum do Cone Sul (Mercosul).

Gradativamente, foram eliminadas as barreiras aduaneiras de todos os bens comercializados entre esses países.

AS ELEIÇÕES PRESIDENCIAIS DE 2002

Em 2002, o candidato do PT, Luiz Inácio Lula da Silva, saiu vitorioso das eleições para presidente da República, recebendo no segundo turno a maior votação para presidente da República já alcançada no Brasil. Sua posse, em janeiro de 2003, encerrou oito anos de governo do PSDB.

21. Coloque F para falso e V para verdadeiro.

- Em 1997, foi feita uma emenda à Constituição de 1988. Entre outros itens, quanto às aposentadorias foi decidido que:

( ) A aposentadoria por tempo de serviço e as aposentadorias especiais seriam abolidas.

( ) Instituía-se a aposentadoria por idade e tempo de contribuição.

( ) A idade para o homem se aposentar foi fixada em 75 anos.

( ) A idade para a mulher se aposentar foi fixada em 60 anos.

( ) O trabalhador rural não pode se aposentar.

22. Explique o que é Mercosul.

23. Quem foi eleito para suceder Fernando Henrique Cardoso na presidência da República?

24. Por quantos anos o PSDB, partido de Fernando Henrique Cardoso, governou o Brasil. Qual partido o sucedeu?

O GOVERNO DE LUIZ INÁCIO LULA DA SILVA (2003-2006)

Em 2002, um dos fundadores do Partido dos Trabalhadores (PT), Luiz Inácio Lula da Silva, um migrante nordestino, ex-metalúrgico do ABC paulista, derrotou nas urnas José Serra, candidato pelo PSDB.

Assumiu o governo com um programa voltado para combater o desemprego e a fome no país. Foi lançado o Programa Fome Zero, iniciou-se uma campanha nacional de combate ao analfabetismo, além de se começarem as reformas previdenciária, tributária, universitária, entre outras.

Ao final de dois anos de governo, em 2004, a economia brasileira assinalava um crescimento de 5% no PIB (Produto Interno Bruto). A moeda brasileira se fortaleceu perante o dólar em pelo menos 7%, e a inflação continuou desacelerando.

No final do mandato, o governo de Lula enfrentou uma grave crise política que acometeu o Congresso Federal, com o chamado episódio dos "mensalões": diversos deputados e demais políticos de outros partidos recebiam quantias de dinheiro para votar a favor de projetos do PT.

Apesar da crise, a situação econômica do país caminhou para a estabilidade e o crescimento. A criação de empregos bateu recorde histórico, e o controle de gastos do governo foi eficiente. Houve superávit de exportações, a produção industrial nacional cresceu e os acordos com o FMI foram cumpridos com antecedência.

Em 2006, Lula foi reeleito para um segundo mandato como presidente da República.

25. O governo do _____ encerrou-se em 2002, quando foi eleito para presidente _____, um migrante _____ e _____ do ABC paulista.

26. Quais aspectos econômicos indicaram o crescimento do país ao final de dois anos de governo?

27. No governo de Lula, houve grande preocupação com a justiça social, destacando-se, por exemplo:

( ) O Programa Fome Zero.

( ) O Projeto de anistia para presos políticos.

( ) O atendimento às exigências do FMI.

( ) A redução do número de empregos no país.

28. Como se pode caracterizar o período de governo de Luiz Inácio Lula da Silva?

> **O SEGUNDO MANDATO PRESIDENCIAL DE LULA (2007-2010)**
>
> A reeleição foi obtida no segundo turno com pouco mais de 60% dos votos. No início do segundo mandato, em 2007, o governo federal apresentou ao país o Programa de Aceleração do Crescimento (PAC), a fim de aumentar a taxa de investimento da economia em infraestrutura e um conjunto de medidas de incentivo e facilitação do investimento privado. O programa também previa a contenção de gastos públicos (orçamento fiscal e o orçamento da previdência e seguridade social).
>
> A avaliação positiva do governo ao longo dos dois mandatos se manteve alta, possivelmente devido ao desempenho da economia (como a diminuição da taxa de desocupação e o aumento do rendimento médio mensal dos trabalhadores) e aos programas sociais. Esses fatores acarretaram na melhoria nas condições de vida da população que possui baixa renda e no aumento da capacidade de compra, contribuindo para a eleição da candidata do mesmo partido (PT), Dilma Rousseff, em 2010.

29. Qual foi o programa apresentado pelo governo federal no início do segundo mandato do presidente Lula?

30. Assinale as opções que correspondem aos objetivos do PAC:

( ) Realizar obras de infraestrutura.

( ) Incentivo e facilitação do investimento privado.

( ) Diminuição dos gastos públicos.

( ) Todas as alternativas anteriores estão corretas.

> O programa governamental propõe continuidade à política dos dois governos anteriores do presidente Lula. Por meio do Programa de Aceleração do Crescimento (PAC2) pretende investir 955 bilhões de reais, no período entre 2011 e 2014, em infraestrutura: social e urbana (saneamento, pavimentação, construção e financiamento de habitações populares e rede de distribuição de energia); logística (rodovias, hidrovias, portos e aeroportos); e energética (geração de energia elétrica, extração e beneficiamento de petróleo e combustíveis renováveis).

31. A quais fatores podemos atribuir o aumento da capacidade de compra da população que possui baixa renda?

32. Em quais aspectos de infraestrutura o governo pretende investir no PAC2?

Social e urbana:

Logística:

Energética:

> **O GOVERNO DE DILMA ROUSSEFF (2011-2016)**
> Em 2010, o Partido dos Trabalhadores (PT) apresentou como candidata à sucessão presidencial a ex-ministra das Minas e Energia e ex-ministra chefe da Casa Civil do governo Lula: Dilma Rousseff. Eleita no segundo turno frente ao candidato José Serra (PSDB), tornou-se a primeira mulher a assumir o cargo no Brasil, em 2011.

Revisão

1. Quem efetivamente assumiu a Presidência da República após as eleições de 1985? Por quê?

2. A redemocratização do Brasil inaugurou uma nova fase política, dando início ao período que se convencionou chamar de:

( ) República Velha.

( ) Estado Novo.

( ) Nova República.

( ) República das Bananas.

3. Foi no governo de Sarney que pela primeira vez no Brasil se instituiu:

( ) Eleição indireta para presidente e para prefeitos das capitais.

( ) Mandato de quatro anos para presidente.

( ) Direito de voto aos analfabetos.

( ) Liberdade de criação de partidos políticos.

4. Sobre a Constituição de 1988, é correto afirmar que:

( ) Foi a Constituição que restabeleceu a democracia no país.

( ) Foi uma Constituição outorgada pelos militares.

( ) Ampliou os direitos trabalhistas.

( ) É vista como uma Constituição racista, por considerar crime a discriminação contra negros e indígenas.

5. Como a Constituição de 1988 considera a prática do racismo no Brasil?

6. O que os seguintes planos econômicos estabeleceram?

a) Plano Cruzado:

b) Plano Bresser:

c) Plano Verão:

7. Foi uma decisão do Plano Collor, criado pela ministra Zélia Cardoso de Melo, no governo de Fernando Collor:

( ) A moeda voltou a ser o cruzado.

( ) Os preços e os salários foram totalmente liberados.

( ) As contas-correntes bancárias e as cadernetas de poupança com saldo superior a 50 mil cruzeiros foram bloqueadas por 18 meses.

( ) O real foi equiparado ao dólar.

8. Sobre o governo Collor é correto afirmar:

( ) O presidente terminou seu mandato normalmente.

( ) O presidente renunciou ao governo por causa de um processo de *impeachment*.

( ) Itamar Franco liderou uma revolução e depôs o presidente.

( ) Collor suicidou-se.

9. No governo de Itamar Franco, destacou-se como ministro da Fazenda o sociólogo _____, que conseguiu deter a inflação ao instituir o Plano _____.

10. A ordem correta de presidentes da fase de redemocratização do Brasil é:

( ) Collor, FHC, Itamar Franco, José Sarney, Dilma, Lula.

( ) José Sarney, Collor, Itamar Franco, FHC, Lula, Dilma.

( ) Lula, José Sarney, Itamar Franco, FHC, Dilma, Collor.

( ) FHC, Collor, José Sarney, Itamar Franco, Lula, Dilma.

11. Associe corretamente.

a) Consenso de Washington.
b) Estabilidade da moeda.
c) Eletrobrás.
d) Mercosul.

( ) Estatal vendida no primeiro governo de FHC.

( ) Era uma das metas do primeiro governo de FHC.

( ) Encontro patrocinado pelo Banco Mundial (FMI-BID) entre os países latino-americanos e os Estados Unidos.

( ) Área de livre-mercado, integrando Brasil, Argentina, Uruguai e Paraguai.

12. Dos itens citados, apenas um **NÃO** constou do programa do governo Lula em 2002:

( ) Campanha pela redução do analfabetismo.

( ) Programa Fome Zero.

( ) Criação de empregos.

( ) O "mensalão" no Congresso Nacional.

13. A crise política no Congresso Nacional durante o governo Lula envolvia:

( ) Homicídios de líderes da oposição.

( ) Desonestidade dos eleitores.

( ) Corrupção de membros de diversos partidos, "comprados" para apoiar o governo.

( ) Renúncia de deputados e senadores insatisfeitos com o governo.

14. Foi destaque do governo Lula:

( ) O Brasil cresceu economicamente.

( ) O desemprego diminuiu.

( ) A dependência do FMI diminuiu.

( ) Todas as alternativas anteriores estão corretas.

15. O governo de Luiz Inácio Lula da Silva foi abalado por uma crise política que envolveu corrupção no Congresso Nacional, assunto muito divulgado pelos meios de comunicação. Mesmo assim, Lula foi reeleito presidente em 2006, derrotando o candidato do PSDB Geraldo Alckmin. Por que isso ocorreu?

Anotações

13. Século XXI: o mundo em conflito

O século XXI nasceu sob a sombra do terrorismo. Em **11 de setembro de 2001,** as torres gêmeas do World Trade Center (WTC), em Nova York, e parte do prédio do Pentágono, em Washington, foram destruídas por um ataque que surpreendeu e horrorizou o mundo. Cerca de 4 mil pessoas morreram.

O presidente dos Estados Unidos, George W. Bush, prometeu "caçar e punir" todos os envolvidos, que, segundo a CIA, pertenciam à rede terrorista Al Qaeda, comandada pelo saudita Osama bin Laden.

Esse episódio resultou numa coalizão internacional antiterrorismo, formada por Estados Unidos, França, Inglaterra, Itália, Alemanha e Rússia, com o apoio da Espanha. O Brasil também se solidarizou com a coalizão, que promoveu a imediata invasão ao Afeganistão, onde se supunha que Bin Laden estivesse escondido. Porém, Bin Laden foi morto durante um ataque aéreo em 1º de maio de 2011, no Paquistão. No entanto, as tropas norte-americanas permanecem no território afegão.

Outro episódio terrorista ocorreu na Espanha em 11 de março de 2004, quando explodiram dez bombas em quatro trens, em diferentes estações de Madri, resultando em 191 mortos e 1.500 feridos. Antonio Ivan Reiss Palácio foi posteriormente responsabilizado pelo ato.

Em 2005, o terrorismo atingiu Londres. Em 7 de julho, membros de um grupo islâmico explodiram bombas em trens e ônibus, deixando 56 mortos e 700 feridos.

Considerados atos de guerra, esses atentados desencadearam conflitos principalmente no Oriente Médio e vêm mantendo o mundo, na primeira década do século, sob constante ameaça.

1. No início do século XXI, um fato horrorizou o mundo e passou a ser considerado o marco do novo milênio. Que fato foi esse?

2. Quais são as consequências do terrorismo crescente do começo do século XXI?

A EUROPA NO NOVO SÉCULO: A UNIÃO EUROPEIA

Desde o término da Segunda Grande Guerra os Estados europeus passaram a defender a unidade do continente para fazer frente aos desastres da guerra. O enfraquecimento da economia europeia internacional para os Estados Unidos e a União Soviética, a necessidade de evitar novos conflitos bélicos globais no pós-guerra e a necessidade da liberalização da economia e da circulação da mercadoria por meio da criação de um mercado comum europeu levaram à formação da **União Europeia,** efetivada pelos seguintes tratados:

- **Tratado de Paris**, de 1951, que ratificou a ajuda mútua da Comunidade Europeia de Carvão e Aço (Ceca).
- **Comunidade Europeia da Energia Atômica** (Euratrom), de 1952. Formado por Alemanha, Bélgica, França, Itália, Luxemburgo e Países Baixos, pela primeira vez, os Estados fundadores desta organização renunciaram parte da sua soberania em prol da Comunidade. Para lutar contra a carência generalizada de energia procuraram na energia nuclear um meio para alcançar a independência energética, associaram-se devido o alto custo do investimento.
- **Tratado de Roma**, de 1957, que criou a Comunidade Econômica Europeia (CEE) e sedimentou o interesse de firmar o mercado comum, postulando também o processo de união política. A partir de então, os países parceiros passaram a defender os seguintes objetivos: livre-circulação de mercadorias, população e capital; estabelecimento de uma política agrária e de transportes comuns; respeito às soberanias nacionais.

3. A preocupação de formar uma unidade política, econômica e cultural na Europa vem desde:

a) A Primeira Guerra Mundial. ( )

b) A globalização mundial. ( )

c) Os atentados terroristas na Espanha e na Inglaterra, no início do século XXI. ( )

d) A Segunda Guerra Mundial. ( )

4. Os tratados que levaram à formação da União Europeia foram: _____, de 1951; _____, de 1952; e _____, de 1957.

5. Por que os países europeus viram-se impelidos a se unir?

A partir do Tratado de Roma instituiu-se uma organização política comum em torno dos Três Poderes, Legislativo, Executivo e Judiciário, a fim de garantir a democracia. As instituições que representam esses poderes na Europa são: o Parlamento Europeu, a Comissão Europeia, o Conselho de Ministros, o Conselho Europeu e o Tribunal Supranacional de Justiça. O Tratado de Roma foi reformulado, resultando no **Tratado de Maastricht**, de 1992. Doze países faziam parte da União Europeia, porém em 1995 a Suécia, a Áustria e a Finlândia foram aceitas, totalizando, assim, 15 países. Em 2004, foram aceitos mais 10 países, quase todos do Leste Europeu (com exceção de Chipre e Malta), e em 2007 foram aceitos Bulgária e Romênia, totalizando 27 países-membros.

À proporção que a comunidade europeia vai se aprimorando, com a entrada de novos membros, são tomadas medidas a fim de consolidá-la, tais como: a criação de imposto sobre o consumo, a redução da produção de bens primários e a criação de uma moeda única – o **euro** – que passou a circular a partir de 2002.

Com base no Tratado de Maastricht, expandiram-se as competências da União Europeia nas investigações científicas, no meio ambiente, na saúde pública, na política social, no turismo e na política industrial.

Em 1994, entrou em vigor a **Cidadania da União**, que promove e incentiva a união entre os povos, difundindo a consciência de uma identidade europeia comum. Esse estatuto de cidadania reconhece o direito de fixar residência em qualquer país da União e o direito de votar e ser votado em eleições.

6. Atualmente, a União Europeia é formada por _____. Nesses países, circula uma única moeda, o _____, que passou a ser utilizado a partir de _____. Além disso, graças ao estatuto da _____, os cidadãos europeus têm o direito de fixar residência em qualquer país da União e podem _____.

7. O objetivo atual da União Europeia, entre outros, é atuar nas áreas de

a) Investigações científicas. ( )

b) Meio ambiente e saúde pública. ( )

c) Política social, turismo e política industrial. ( )

d) Todas as alternativas anteriores estão corretas. ( )

A ÁFRICA E O NOVO SÉCULO

Os séculos de exploração colonialista e neocolonialista deixaram sequelas na África do século XXI, que é atualmente um continente empobrecido, dividido, com enormes problemas sociais, políticos e econômicos.

A partilha feita no fim do século XIX ignorou completamente as diversidades da realidade africana. Os países que foram sendo criados no século seguinte, que hoje perfazem 54, agruparam em seu interior sociedades étnico-culturais diferenciadas e, em muitos casos, antagônicas, o que levou o continente a tornar-se um palco de contínuos conflitos. A história da África contemporânea ainda é marcada pela fome e pela subnutrição, decorrentes da pobreza extrema, da falta de emprego, da ausência de programas sociais, da questão fundiária. A África apresenta o pior Índice de Desenvolvimento Humano (IDH) e o maior Índice de Pobreza Humana (IPH) do mundo. Em consequência, seu Produto Interno Bruto (PIB) é o menor do mundo, em torno de 2,4% do PIB mundial. O continente africano também tem as menores taxas de urbanização, e o triste primeiro lugar em analfabetismo, mortalidade infantil, subnutrição e crescimento populacional.

Enfrenta a continuidade de vários conflitos armados, a periodicidade das epidemias e um contingente de portadores do vírus HIV que representa dois terços dos infectados do mundo todo.

Alguns países africanos, no entanto, como a África do Sul, vêm conquistando uma relativa estabilidade política e econômica. A África do Sul, sozinha, é responsável por 20% do PIB de todo o continente. Entretanto, o atraso econômico e a falta de uma população com poder de consumo, uma vez que cerca de um terço da população do continente vive com menos de um dólar por dia, fazem com que o mercado sul-africano tenha fracas possibilidades no mundo globalizado.

Com uma economia primário-exportadora que é responsável por certo desenvolvimento em alguns países como Líbia, Egito, Marrocos, Tunísia, Zimbábue e África do Sul, a população dos demais países ainda vive da economia de subsistência, com quase nenhuma tecnologia, o que os coloca quase totalmente à mercê das forças da natureza.

8. Por que o continente africano é um dos mais pobres do mundo?

9. Qual é a base econômica dos diversos países africanos?

10. Coloque F para falso e V para verdadeiro.

( ) A formação dos países africanos contemporâneos ocorreu de acordo com a diversidade cultural e étnica da África.

( ) O continente africano, um dos mais pobres do mundo, apresenta conflitos étnicos contínuos, decorrência da formação de países sem respeito à origem dos povos.

( ) O colonialismo e o neocolonialismo de séculos passados levaram a civilização e o desenvolvimento às nações africanas.

( ) Dos países africanos, apenas a África do Sul se destaca, por ser uma nação rica e altamente desenvolvida.

( ) A questão da saúde é crítica em muitos países africanos e o continente apresenta as mais altas taxas de pessoas portadoras do vírus HIV.

A ÁSIA NO SÉCULO XXI

A Ásia, a América Latina e a África foram exploradas sistematicamente pelas grandes potências mundiais no seu processo de expansão e acumulação capitalista. Esse processo exploratório foi liderado durante alguns séculos pelas metrópoles europeias e, a partir do século XX, pela potência emergente, os Estados Unidos. Principalmente após a Segunda Guerra Mundial, o Oriente asiático passou por um processo de reconstrução, que oscilou entre o capitalismo e o comunismo.

No século XXI, parece haver uma tendência de deslocamento do centro dinâmico da economia mundial para o Oriente. Essa hipótese baseia-se no vertiginoso desenvolvimento da **China**, da **Índia**, da **Coreia do Sul** e do **Japão**. A China tem atualmente uma participação de 14% no PIB mundial. O prognóstico é que em 2050 a China será a maior economia do mundo. Atualmente, o país ocupa a terceira posição no PIB mundial.

A Índia, país até pouco tempo considerado muito pobre a atrasado, tem previsto um crescimento que possibilitará dobrar a sua participação no PIB mundial, que hoje é de 5,5%.

11. Qual é o prognóstico econômico para o Oriente asiático nas próximas décadas?

12. Assinale a alternativa correta:

a) A Índia é o país mais pobre e atrasado da Ásia, com previsão zero de crescimento econômico nas próximas décadas. ( )

b) Na Ásia, nota-se grande desenvolvimento econômico no Japão, na Coreia do Sul, na Índia e na China. ( )

c) Na Ásia, o único país que não apresenta nenhum crescimento, por ainda manter o regime comunista, é a China. ( )

d) O Japão, depois de uma fase de grande desenvolvimento econômico, praticamente estagnou, sendo superado no mercado mundial pela Coreia do Sul e pela China. ( )

O ORIENTE MÉDIO NO SÉCULO XXI

O Oriente Médio, berço de grandes civilizações da Antiguidade, como assírios, babilônios e fenícios, foi sempre um cruzamento de caminhos entre Ocidente e Oriente. O convívio de diferentes etnias e culturas, formas de organização social, política e religiosa – ali convivem até hoje o cristianismo, o judaísmo e o islamismo – faz do Oriente Médio uma região marcada por uma efervescente diversidade.

Lá se mantém uma cultura rica e complexa, mas também permanecem vivos o ódio, os desejos separatistas, as guerras políticas e religiosas. A "guerra santa" iniciada pelos Cruzados na Idade Média, acrescida de fatores econômicos, sociais e políticos, encontrou no Oriente Médio um campo fértil; nos tempos atuais, essa guerra extrapolou suas fronteiras e passou a envolver países ocidentais que tentam interferir em suas questões internas.

Após os atentados terroristas de 11 de setembro de 2001 às torres gêmeas do World Trade Center, em Nova York, e ao edifício do Pentágono, em Washington, bem como o de Madri (2004) e o de Londres (2005), o mundo ocidental passou a encarar de modo diferente as questões que envolvem o Oriente Médio, temendo que os conflitos adquiram proporções incontroláveis e mundiais.

Ao lado dessa guerra que envolve cristãos e muçulmanos radicais, permanece o **conflito israelense-palestino**, transformando a região em palco de guerras que parecem perdurar indefinidamente. Por trás dos conflitos religiosos, perdura o interesse das grandes potências pela área mais rica e estratégica do mundo no campo da produção de **petróleo**.

13. Os conflitos que atualmente abalam o Oriente Médio envolvem divergências religiosas e políticas, mas há também um fator econômico preponderante: o interesse das _____ pela área mais rica e estratégica do mundo no campo da _____.

14. No Oriente Médio, além dos conflitos entre cristãos e muçulmanos radicais, dura muitos anos o conflito _____.

A GUERRA NO AFEGANISTÃO

Depois dos atentados terroristas de setembro de 2001 nos Estados Unidos, o governo norte-americano lançou-se contra o Afeganistão, na época governado pela milícia fundamentalista **talibã**. Os norte-americanos acusavam o governo afegão de acolher o terrorista Osama bin Laden, o presumível responsável pelos atentados. O governo talibã caiu, e Bin Laden foi morto durante um ataque aéreo em 1º de maio de 2011, no Paquistão. No entanto, as tropas norte-americanas permanecem no território afegão.

A GUERRA NO IRAQUE: A SEGUNDA GUERRA DO GOLFO

Na madrugada de 20 março de 2003, as forças militares dos Estados Unidos e da Inglaterra, apoiadas por 34 países, iniciaram uma operação bélica contra o Iraque – uma guerra-relâmpago – sem o apoio do Conselho de Segurança da ONU. Três semanas mais tarde, em 9 de abril, as forças da coalizão conseguiram o objetivo de ocupar a totalidade do país. Alguns meses depois, o líder Saddam Hussein foi capturado em Tikrit, no Iraque, e no dia 5 de novembro de 2006 foi condenado à forca por crimes cometidos durante seu governo.

Durante o governo ditatorial de Saddan Hussein, morreram milhares de iraquianos civis e militares, e inúmeros militares das forças ocupantes. Foram destruídas centenas de milhares de residências, deixando a população civil desabrigada. O Iraque, em 2006, permanecia imerso em um estado de violência endêmica provocada pelo terrorismo atuante nas cidades. Ainda que as forças ocupantes se esforçassem para organizar um governo provisório e aprovassem uma constituição, continuavam muito longe de atingir as condições mínimas para instaurar um regime democrático em que se respeitem os direitos humanos fundamentais.

O governo dos Estados Unidos não conseguiu comprovar que existe relação entre o ex-líder Saddam Hussein e a rede terrorista Al Qaeda. Além disso, a opinião pública internacional passou a desconfiar das justificativas da guerra, considerando as afirmativas infundadas, exageradas e mentirosas. O governo norte-americano foi obrigado a reconhecer, em 2005, não ter encontrado nenhuma arma de destruição em massa no Iraque.

O terrorismo global tem feito sua aparição no cenário mundial, com sangrentos e indiscriminados atentados (Arábia Saudita, Turquia, Marrocos e Espanha). Além disso, o presidente norte-americano George W. Bush reconheceu, quando a Guerra do Iraque completou dois anos, que os resultados não tinham sido os esperados.

15. Os atentados de 11 de setembro de 2001 levaram os Estados Unidos a invadir o _____, onde se supunha que estivesse escondido o terrorista _____.

16. Em 2003, os Estados Unidos se envolveram em outra guerra no Oriente Médio. Que guerra foi essa e qual o seu motivo?

17. Quem era o ditador do Iraque e o que aconteceu com ele?

A GUERRA NO LÍBANO

Desde o fim da guerra civil em 1989, o Líbano conviveu com a presença de tropas sírias, contrariando os interesses dos Estados Unidos, porque a Síria sempre teve uma política externa alinhada com a da ex-União Soviética.

No fim de agosto de 2004, o presidente sírio Bachar Al Assad, referendado pelo parlamento libanês, de maioria pró-Síria, decidiu prorrogar o mandato do presidente libanês Emile Lahoud. O governo dos Estados Unidos, mesmo ocupando militarmente o Iraque e o Afeganistão, encaminhou uma moção à ONU pedindo a retirada imediata das tropas sírias do Líbano, no que foi atendido, o que criou uma situação constrangedora para o governo sírio. A crise se aprofundou com o assassinato de Rafic Hariri, ex-primeiro-ministro libanês, no início de 2005. O crime gerou comoção geral, e, em abril de 2005, os sírios se viram pressionados a retirar do Líbano seu contingente militar.

Em 2006, o país enfrentou nova guerra, desta vez contra Israel. O estopim foi a Operação Promessa Leal, durante a qual milicianos do grupo xiita Hezbollah dispararam foguetes sobre localidades e posições militares israelenses próximas ao território libanês. Simultaneamente, houve uma incursão dos militantes xiitas no território de Israel, o que culminou com o sequestro de dois soldados israelenses, além de oito soldados israelenses mortos. Israel respondeu com a maior ação militar no Líbano desde a invasão de 1982, num conflito que deixou aproximadamente 1.500 mortos e destruiu parte importante da infraestrutura libanesa, além de deixar desabrigados perto de 900 mil libaneses e 500 mil israelenses.

O cessar-fogo foi declarado no dia 11 de agosto do mesmo ano, após intensas negociações. A resolução de paz foi aceita por ambas as partes e determinava, entre outros pontos, o fim das hostilidades, a retirada das tropas israelenses do território libanês, o desarmamento do Hezbollah e a atuação de forças armadas libanesas e de uma força armada internacional (Unifil) no sul do Líbano.

18. Explique o conflito entre Líbano e Israel ocorrido em 2006.

A AMÉRICA LATINA NO SÉCULO XXI

Na década de 1980, as sociedades latino-americanas viveram momentos decisivos da transição de regimes políticos autoritários para as práticas democráticas, elegendo os governantes da maioria dos países. Ao mesmo tempo, as economias se tornaram de livre-mercado, o que propiciou crescimento econômico em algumas regiões, como no México, no Chile e na Argentina.

No começo dos anos de 1990, esse crescimento econômico esteve comprometido mediante a mundialização da economia, com a entrada cada vez maior de produtos estrangeiros dos Estados Unidos e, em especial, do Japão e da China. A indústria latino-americana, até então financiada principalmente pelo FMI, viu-se afetada pelo recuo dos investimentos externos, que se concentravam no recém-aberto mercado do Leste Europeu. Além disso, os índices de inflação dispararam.

Uma das alternativas foi voltar a produção industrial para o mercado interno, em geral de baixo poder aquisitivo. A maioria dos países adotou o neoliberalismo, empenhando-se na redução dos gastos públicos, nas reformas fiscais, com seus consequentes ajustes, e promovendo privatizações. Isso possibilitou a recuperação econômica de diversos países no decênio de 1990 a 2001.

Todavia essa recuperação econômica não foi acompanhada de uma melhor distribuição da renda, o que causou o aumento da exclusão social, da desigualdade e da violência, tanto urbana, quanto rural. A América Latina entrou no século XXI com mais de 210 milhões de pobres. Sensíveis a essa questão, muitos movimentos pela cidadania passaram a protestar contra as políticas governamentais, o que possibilitou a alternância político-partidária no poder, com ideologias diferenciadas.

CRISE E RECUPERAÇÃO DA ARGENTINA

Na entrada do século XXI, o povo argentino viveu momentos angustiantes, de profunda crise econômica, social e política no término do governo Fernando de la Rúa (1999-2001). O governo provisório de Eduardo Duhalde promoveu eleições, e em maio de 2003 Néstor Kirchner assumiu o governo. Tinha início um gradativo processo de estabilidade. O problema mais crítico enfrentado pelo governo foi a pobreza em que se encontrava o país, o que definiu a suspensão do pagamento da dívida externa ao FMI.

A VENEZUELA DE HUGO CHÁVEZ

A Venezuela transitou do século XX para o XXI marcada por agitações sociais e políticas. Em 1992, Hugo Chávez tentou um golpe de Estado. Fracassou, mas voltou à cena no fim de 1998, vencendo as eleições presidenciais com 60% dos votos. Ao assumir o governo, anunciou uma "revolução pacífica e democrática", determinando a criação de uma assembleia para organizar uma nova constituição para o país, aprovada em dezembro do ano seguinte. Foram marcadas novas eleições para o ano 2000, e Chávez foi reeleito para o mandato de seis anos. Em seguida, a Assembleia Nacional concedeu poderes especiais ao presidente, como o direito de decretar leis, ratificando o seu autoritarismo. Esses acontecimentos atestam a falência da política neoliberal na Venezuela, onde 80% da população sobrevive em meio à miséria, e a pergunta que se impõe é: como um país rico em petróleo, cujo principal cliente são os Estados Unidos, mantém um alto índice de pobreza e miséria? Uma provável resposta está na burguesia venezuelana, alinhada à política econômica ditada pelos Estados Unidos. Nesse contexto, emerge a política externa de Hugo Chávez, antinorte-americana e anti-imperialista.

Em abril de 2002, centenas de milhares de venezuelanos realizaram uma grande passeata, que culminou com a exigência de renúncia do presidente, em frente ao palácio de Miraflores. Esse ato envolveu confrontos, dos quais resultaram 17 mortos e 150 feridos. Os militares anunciaram a renúncia de Chávez e do grupo que governava o país. Foi formado um governo provisório, sob a liderança do empresário Pedro Carmona, que dissolveu os poderes Executivo e Legislativo. Entretanto, a Força Aérea reagiu à arbitrariedade, Carmona renunciou e Chávez retornou ao governo do país, assegurando que não se renderia perante os golpistas, os quais contaram com o apoio dos Estados Unidos, uma vez que o presidente venezuelano foi considerado um inimigo do porte do cubano Fidel Castro. Entretanto, a sua vitória demonstrou para o governo norte-americano que não se deve subestimar o potencial do inimigo.

Aquele ano terminou em meio a uma greve geral, incentivada por empresários e sindicalistas, que pressionavam pela renúncia de Chávez. Este abafou a greve e demitiu 18 mil funcionários grevistas da empresa petrolífera do país.

Em maio de 2003, o governo e a oposição firmaram acordo, intermediado pela OEA, pelo Centro Carter, organização norte-americana liderada pelo ex-presidente Jimmy Carter e pelo Grupo de Amigos da Venezuela (Brasil, Estados Unidos, México, Chile, Portugal e Espanha). Em 2004, os venezuelanos referendaram Chávez no governo, com o apoio de quase 60% dos eleitores, comprovando que os interesses estadunidenses vão de mal a pior no país. A habilidade política de Chávez tem levado ao desespero a direita venezuelana e o governo de Washington. Por fim, em 2005 o governo apoiou a criação da Telesur, estação de televisão sediada na Venezuela, que transmite programas informativos para toda a América Latina e é considerada um instrumento de propaganda do regime chavista.

O URUGUAI NO NOVO SÉCULO

O ano de 2005 também foi de agitação política em outros países latino-americanos, como o caso do presidente de centro-esquerda Tabaré Vázquez, que tomou posse no Uruguai, acompanhado de uma multidão de quase 500 mil pessoas pelas principais avenidas de Montevidéu. Crítico do modelo neoliberal, que ele responsabiliza pelos níveis de pobreza do país, é o primeiro socialista a ascender ao poder no Uruguai.

A BOLÍVIA E EVO MORALES

Na Bolívia, o país mais pobre da América Latina e com a maior presença indígena, o primeiro presidente índio eleito pelo voto popular foi Evo Morales, que levou a esquerda ao poder, em dezembro de 2005, com 54% dos votos. Descendente de uma família indígena aimará que vivia da agricultura, também foi pastor de lhamas. Em meados dos anos de 1980, Morales emigrou para os vales centrais da Bolívia, transformando-se em líder dos plantadores de coca e, em 1997, foi eleito para o Congresso Boliviano, tornando-se um líder nacional popular e esquerdista, chamado apenas de Evo, caracterizado por declarações anti-imperialistas e antineoliberais, admirador do revolucionário argentino Che Guevara, morto na Bolívia em 1967.

O CHILE E MICHELLE BACHELET

Em janeiro de 2006, a socialista Michelle Bachelet, da coligação chilena centro-esquerda, venceu as eleições chilenas, após derrotar o candidato da direita Sebastián Piñera. Ex-presa política da ditadura Pinochet, foi a primeira presidente mulher a chegar ao Palácio de La Moneda. Em Santiago e nas principais cidades do país, milhares de partidários de Michelle saíram às ruas para celebrar o triunfo da candidata socialista sobre o político e empresário Sebastián Piñera. Em Santiago, seus admiradores percorreram as ruas da capital tocando as buzinas de seus automóveis e levando bandeiras nas quais se lia a frase "Michelle, presidente". Ao mesmo tempo, uma manifestação popular de aproximadamente 500 mil pessoas saudou Michelle no seu discurso da vitória.

19. A América Latina, no fim do século XX, perdeu investimentos externos, uma vez que estes se voltaram para os países do Leste Europeu. Qual foi a alternativa para as economias dos países latino-americanos?

20. Associe corretamente.

a) Argentina.
b) Chile.
c) Bolívia.
d) Uruguai.
e) Venezuela.

( ) Em 2006, teve eleita a primeira presidente mulher do país, uma ex-prisioneira política da época da ditadura.

( ) Teve eleito o primeiro presidente indígena do país, que é um dos mais pobres da América Latina.

( ) Pela primeira vez na História tem um presidente socialista.

( ) Seu presidente enfrentou forte oposição de empresários e dos favoráveis ao imperialismo, mas firmou-se no poder e foi referendado por mais de 60% de votos.

( ) Sofreu profunda crise econômica, que levou o país a não pagar sua dívida externa com o FMI, mas entrou no século XXI recuperando-se lentamente.

Revisão

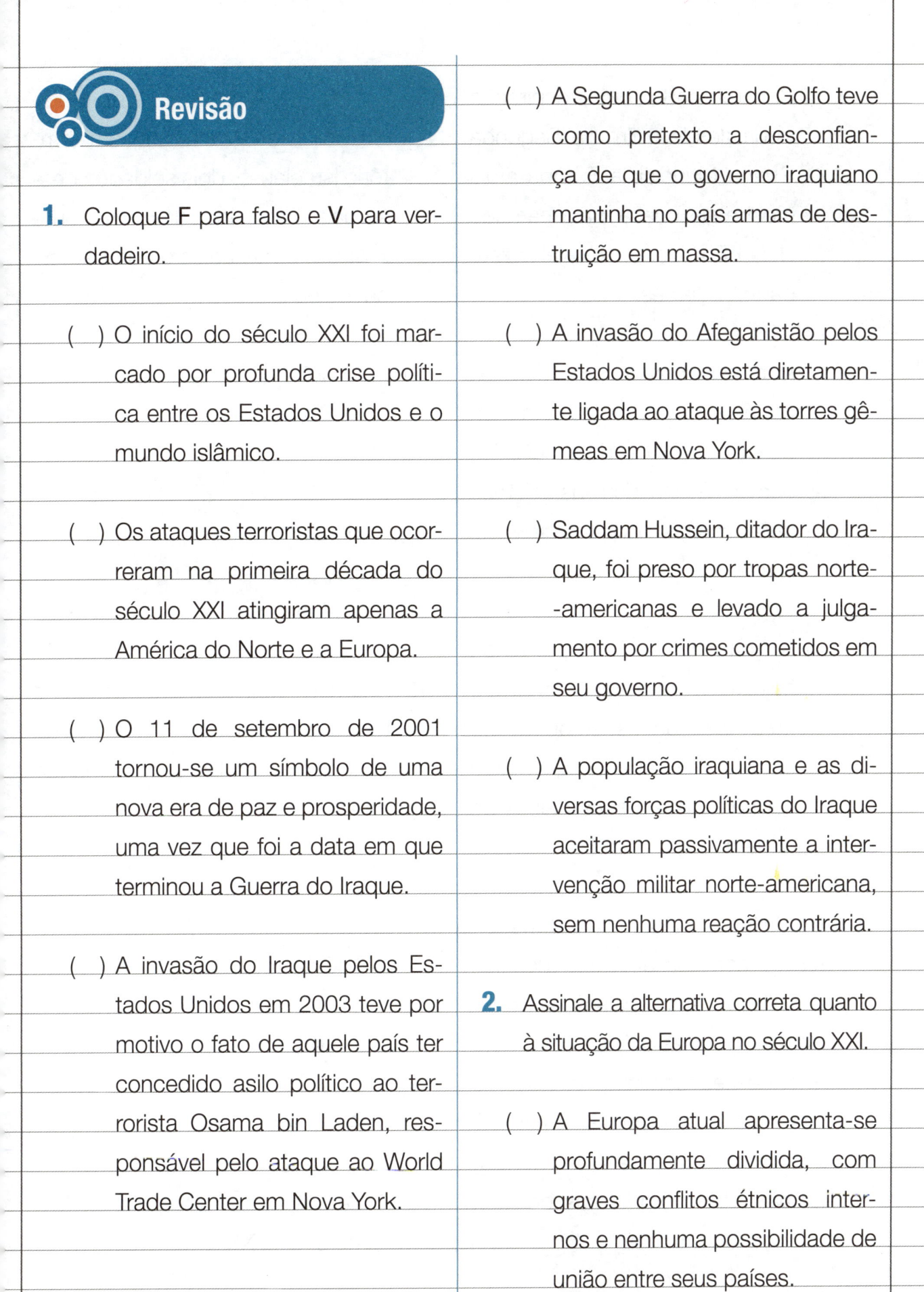

1. Coloque F para falso e V para verdadeiro.

( ) O início do século XXI foi marcado por profunda crise política entre os Estados Unidos e o mundo islâmico.

( ) Os ataques terroristas que ocorreram na primeira década do século XXI atingiram apenas a América do Norte e a Europa.

( ) O 11 de setembro de 2001 tornou-se um símbolo de uma nova era de paz e prosperidade, uma vez que foi a data em que terminou a Guerra do Iraque.

( ) A invasão do Iraque pelos Estados Unidos em 2003 teve por motivo o fato de aquele país ter concedido asilo político ao terrorista Osama bin Laden, responsável pelo ataque ao World Trade Center em Nova York.

( ) A Segunda Guerra do Golfo teve como pretexto a desconfiança de que o governo iraquiano mantinha no país armas de destruição em massa.

( ) A invasão do Afeganistão pelos Estados Unidos está diretamente ligada ao ataque às torres gêmeas em Nova York.

( ) Saddam Hussein, ditador do Iraque, foi preso por tropas norte-americanas e levado a julgamento por crimes cometidos em seu governo.

( ) A população iraquiana e as diversas forças políticas do Iraque aceitaram passivamente a intervenção militar norte-americana, sem nenhuma reação contrária.

2. Assinale a alternativa correta quanto à situação da Europa no século XXI.

( ) A Europa atual apresenta-se profundamente dividida, com graves conflitos étnicos internos e nenhuma possibilidade de união entre seus países.

( ) Concretizando uma aspiração vinda desde o fim da Segunda Guerra Mundial, a Europa atual mostra-se coesa na chamada União Europeia, da qual fazem parte 27 países.

( ) A moeda comum em diversos países europeus, o euro, deixou de existir no início do século XXI, porque não atendeu aos objetivos deflacionários para os quais foi criada.

( ) A cidadania na Europa é ainda hoje uma questão complexa, uma vez que os europeus só podem fixar residência, votar e ser votados em seus países de origem.

3. No Oriente Médio, são constantes os conflitos étnicos, religiosos e políticos entre países e populações diversas. Entretanto, por trás desses conflitos, é visível o interesse das grandes potências econômicas mundiais em controlar as regiões produtoras de _____ .

4. Em 2006, militantes xiitas do grupo Hezbollah sequestraram, em território israelense, dois soldados desse país. Esse episódio provocou a invasão, por Israel, e o bombardeio de regiões:

( ) do Irã.

( ) da Palestina.

( ) da Líbia.

( ) do Líbano.

5. Análises econômicas apontam uma tendência do século XXI: o eixo da economia mundial está mudando para:

a) A América Latina. ( )

b) O Oriente Médio. ( )

c) A Ásia. ( )

d) A Europa. ( )

6. Podemos afirmar a respeito da África no século XXI:

( ) É o continente mais pobre do mundo, com graves problemas econômicos, políticos e sociais.

( ) Sua situação de extrema miséria e carência é decorrente da intensa exploração colonialista em séculos passados.

( ) A formação dos países africanos, com suas fronteiras e limites, desrespeitou a diversidade étnica e cultural dos povos que habitavam o continente.

( ) Todas as alternativas anteriores estão corretas.

7. Complete com o nome do presidente e do país a que se refere a afirmativa.

a) Assumiu o poder após profunda crise econômica, que até mesmo impedira o pagamento da dívida externa com o FMI.

b) Primeiro presidente indígena eleito no país, nacionalizou a exploração de gás, inclusive afetando a atuação da Petrobras na região.

c) Foi vítima da ditadura, sofrendo prisão e torturas na época de governo militar. Sua eleição foi comemorada com entusiasmo nas principais cidades do país.

d) Considerado uma espécie de Fidel Castro sul-americano, enfrentou dura oposição por seu governo voltado para as necessidades mais prementes da população do país, mas conseguiu permanecer no poder e foi ratificado no cargo em uma eleição que lhe deu 60% dos votos.

e) Como um exemplo do que ocorre em outros países latino-americanos, onde o neoliberalismo entra em decadência, esse país elegeu, pela primeira vez em sua História, um presidente socialista.

Anotações